KB034232

창작 뮤지컬 **대본** 두 편 3
& 연극 대본 두 편

지은이

김균형(Kim Gyunhyeong) 1988년 한양대학교 연극영화과를 졸업했다. 프랑스 파리 3대학 연극연구원에서 「그로토브스키와 스타니슬라브스키에 있어서 연기에 관한 문제」로 석사학위를, 「20세기 연극에서 배우와 관객의 관계」로 박사학위를 받았다. 2012년까지 호남대학교 다매체공연영상학과 교수를 역임했다. 저서로는 『연기훈련 백 서른 두 가지』, 『우리연극 그 탈출구는』, 『연극제작 이렇게 한다』, 『그림으로 읽는 연기훈련 100가지』, 『연극만들기-연극공동창작, 그 과정과 실제』, 『한국연극, 가능성의 연극』, 『연기자를 위한 화술 A to Z』, 『42개의 질문으로 누구든지 연극 만들기』 등이 있으며, 논문으로는 「빈공간의 가능성에 대하여」, 「희곡의 거부를 통한 연극의 재탄생」, 「아르또에게 있어서 연극언어 탐구에 대하여」 및 프랑스 뮤지컬 〈노트르담 드 파리(Notre-Dame de Paris)〉와 〈로미오와 줄리엣(Roméo et Juliette)〉에 관한 여러 편의 연구논문을 발표하였다. 현재는 미국 뉴욕에서 작품활동 중이다.

창작 뮤지컬 대본 두 편 3 & 연극 대본 두 편

초판 인쇄 2015년 12월 24일 **초판 발행** 2015년 12월 30일
지은이 김균형 **펴낸이** 박성모 **펴낸곳** 소명출판 **출판등록** 제13-522호
주소 서울시 서초구 서초중앙로6길 15, 1층
전화 02-585-7840 **팩스** 02-585-7848 **전자우편** somyungbooks@daum.net **홈페이지** www.somyong.co.kr

값 16,000원   ⓒ 김균형, 2015
ISBN 979-11-5905-022-0 04680
ISBN 979-11-5905-020-6 (세트)

창작 뮤지컬 대본 두 편 3
& 연극 대본 두 편

Two Musical Scripts and 2 Playscripts

김균형 지음

소명출판

일단 내 생각은 이렇다. 연극이든 뮤지컬이든 재미있어야 한다. 그래서 내 대본들은 대체로 가볍고 재미있게 썼다. 깊이 있고 심오한 내용보다는 주변에 있는 가깝고 단순하지만 삶에 영향을 끼치는 일을 소재로 재미있게 구성하고자 했다. 이 방향이 내 대본들 혹은 공연들의 주된 흐름이다.

이제 나의 마지막 (현재로서는) 대본을 내놓는다. 여기에는 총 4편의 대본을 싣는다. 뮤지컬 대본 두 편과 연극 대본 두 편.

첫 번째는 나의 거의 유일한 비극이라고 볼 수 있는 〈별〉이다. 애초에 제자 노현이 '사람이 죽으면 별이 되는 얘기는 어떨까요?'라는 얘기부터 출발한 대본이다. 2009년이었다. 그 해에 초안으로 공연을 한 번 했고, 다음 해에도 역시 한 번 더 공연을 했다. 그렇지만 사실 나 자신도 내용과 결말에 큰 자신이 없었다. 그 이후 지금까지 수년 동안 여러 사람에게 의견을 물었고 드디어 완성을 시킬 수 있었다. 가족의 사랑에 대한 이야기이고 특히 아버지의 사랑에 대한 이야기이다. 그리고 사실은 '희생'에 대한 이야기이고 또 내가 오랫동안 가지고 있는 '신'에 대한 생각도 들어있다.

두 번째 대본은 〈오늘〉이라는 대본이다. 이 대본은 처음에 시내버스에서 시작됐다. 어느 날 출근 시간에 시내버스를 탄 적이 있다. 그런데 버스에 타 있는 모든 사람들의 표정이 너무 굳어 있었다. 정말 단 한 사람도 웃는 얼굴을 한 사람이 없었다. 그래서 왜 사람들이 모두 무표정하게 될까라는 생각으로부터 시작해 이 대본을 쓰기 시작했다. 모두에게 웃음을 돌려주고 싶었다. 신나게 웃을 수 있는 대본을 쓰고 싶었다. 2011년에 일단 초안을 완성했었다. 그러나 역시 마무리가 문제였다. 여러 차례에 걸쳐 진지하게 생각하고 수정해서 이 대본도 마무리를 지었다. 이 대본은 '목표'에 대한 이야기이다. 우리가 살면서 처음에는 목표를 설정해서 열심히 살지만 차츰 시간이 지나고 목표에 대한 생각이 약해지면 모든 것에 무덤덤해지고 피곤해 지기 시작한다. 바로 이 순간이 이 대본의 배경이다. 우리가 우리 인생에서 목표를 잘 유지하고 있다면 아마도 그 목표를 달성하기 위해 더 많은 노력을 기울일 것이다. 단지 직장생활에서만 그런 건 아닐 거다. 우리 인생의 매 순간에, 부부 사이에도, 형제나 부모 자식 사이에도 또는 친구들 사이에도, 뭔가 항상 새로운 어떤 것이 있다면 아마 삶은 그만큼 항상 새롭지 않을까? ……

세 번째는 나의 영원한 관심거리 중 하나인 남녀 간의 사랑에 대한 이야기를 다룬 〈사깨다이〉다. 사랑이 깨지는 다섯 가지 이유.

이성간의 사랑은 인생에서 정말 중요하다. 사실 이걸 빼면 뭘 하면서 살까? 특히 20~30대에 사랑이 없다면 그건 정말 살기 지루한 무료한 나날일 것이다. 하지만 행복한 사랑은 사실 매우 어렵다. 왜? 서로 다르니까. 정말 세상에 나와 일치하는 사람은 찾기 쉽지 않다. 그러면

서로 다르다는 것을 인정하고 서로 양보하면 잘 되지 않을까? 잘 되겠지. 물론 잘 되겠지. 하지만 양보라는 단어는 그렇게 쉽게 실행할 수 없는 단어라는 것이 문제가 될 것 같다. 컴퓨터로 프로그래밍해서 서로 완벽하게 일치하는 사랑을 찾아주면 괜찮을 것 같다는 생각이 든다. 그러면 서로 마음도 맞고 이상도 일치하는 좋은 사람을 찾을 수 있을 테니까. 어쨌든 이 대본은 처음에 사랑에 실패하고 건물 옥상에 올라가 뛰어내리려는 여자들 이야기부터 시작해서 여러 번의 업그레이드를 거친 대본이다. 2004년 이후 많은 제자들이 참가했다.

마지막 대본은 나의 최신 작 〈세상이 그대를 속일지라도〉이다. 2014년에 10년 만에 만나는 박혜숙과 정효진 그리고 이솔, 최보희, 김강철과 함께 쓴 대본이다. 많은 부분을 이들이 직접 썼다. 자기 얘기도 있고 또 그렇지 않은 얘기도 있다. 어떻게 사는 것이 성공적인 인생인가에 대한 이야기다. 그리고 죽으면 후회한다는 이야기이기도 하다. 여기에 아버지 얘기를 섞어 넣었다. 물론 이들 각각의 아버지들이 등장한다. 서로 다른 네 분의 아버지들. 이 대본은 아마 아버지들에게 바쳐도 좋을 듯하다. 어쨌든 이들의 많은 공헌으로 이 대본이 완성될 수 있었고 장은정이 마지막 부분을 수정했다. 그것도 괜찮은 것 같아서 장은정이 수정한 마지막 대본을 싣는다.

여기에 실린 뮤지컬 대본에는 음악이 아직 없다. 누군가 좋은 음악을 써주길 바라고 물론 음악을 쓰면서 가사에 대한 수정은 필요할 것이라 본다. 이런 이유에서 가사에 총력을 기울이지 않았다. 내가 쓴 가사는 단순히 스토리 전개이며 곡을 만들 때 가사는 다시 써야 할 것이라 본다.

마지막으로 강조하고 싶은 것이 있다. 대본을 무시하자(작가를 무시하라는 얘기가 아니다). 우리가 어떤 대본을 읽었을 때 그것이 나의 생각과 일치한다면 그것으로부터 출발해서 공연을 만들어 갈 수 있다. 만일 대본과 내 마음이 너무도 일치한다면 대본을 그대로 써도 좋겠다. 그렇지만 원래 대본보다 더 좋은 생각이 있다면 대본을 수정하거나 해체 재구성할 수 있어야 할 것이다. 어찌됐건 대본은 작가의 생각이고 연출가는 작가의 생각과 완전히 일치하지 않을 수도 있다. 이런 상태에서 대본을 마치 무슨 성경이라도 되는 양 애지중지하며 자기의 의견과 다르더라도 그냥 쓰여 있는 그대로 공연으로 만든다면, 그건 현명한 연출가라 생각하지 않는다. 대본을 출발점으로 보기 바란다. 혹은 자극제. 어떤 대본을 수정함으로써 더 좋은 창의적인 작품이 나올 수 있다면 당연히 그렇게 하는 것이 현명하지 않을까?

여기의 대본 네 편 모두 학생들에게는 공개한다. 특히 대학생들은 이 대본으로 작곡 연습도 할 수 있으리라 본다. 그리고 연극 대본으로는 아이디어 넘치는 씬을 만들기도 좋을 것이다. 공연이나 음악에 대해 얘기하고 싶은 사람은 kh6277@nate.com으로 연락하기 바란다.

2015년 7월 뉴욕에서

차례

뮤지컬

별

등장인물

남편(별)

아내

딸

아들

여인별

여인별 남편

의사

돌아가는별

할아버지별

지친별

밝은별들

어두운별들

염라대왕과 지옥사자들

무대

무대는 일단 하늘이 기본이다. 별들이 떠 있는 밤하늘. 이야기가 진행되면서
우리가 매일의 삶을 살아가는 공간도, 천당과 지옥도 모두 나타날 수 있다.

#1 – 남편

암전에서 음악이 흐르며 동시에 뭔가 시끌벅적하면서 흥에 겨운 사람들 소리 들린다. 조명 인되면 무대는 앞과 뒤로 구분되어 있으며, 뒤 무대에는 별들이 떠 있고 앞 무대에는 남편과 그의 직장 동료들이 가볍게 한 잔 하며 남편의 승진을 축하하는 작은 파티를 벌이고 있다. 이 축하 파티는 정해진 대사나 노래 없이 애드립을 바탕으로 분위기만 만든다.

노래 1 **우리는 별 : 별들**
깊고 어두운 밤하늘 반짝이는 우리는 별
우리는 죽은 사람들 죽어 별이 된 사람들
사람들 누구나 죽음의 친구 별 또한 죽음의 친구
수많은 시간들 한 세상 살며 보낸
즐거웠던 시간 행복했던 시간 모두 그리운 시간들
슬펐던 시간 외로웠던 시간 모두 떠나 보내고
여기 푸른 밤하늘 드높이 떠 있는 우리는 별
삶처럼 여러 색깔 가지고 있는 우리는 별
사람들 비추지 이 높은 밤하늘에서
사랑하는 사람들 그리워하는 사람들
안아보고 싶은 사람들 세상에 남기고 온
그들을 비추고 그들을 기억하기 위하여
이 깊고 어두운 밤하늘 반짝이는 우리는 별

별들은 하늘에서 세상을 비추고 있다. 앞 무대에서는 위 노래가 진행되는 동안 약간의 축하파티가 진행된 후 모두 헤어지고 남편 혼자 남는다. 뒤 무대에서 별은 계속 빛나고 있다.

노래2 한 잔 했다 : 남편
한 잔 했다 즐거워서 그래 한 잔 했다 기쁨으로
누구나 모두 알아 내가 왜 행복한지
누구나 모두 알아 내가 얼마나 행복한지
누구나 나를 알아 내가 얼마나 애썼는지
그 많은 고생 끝 드디어 나는 목적지에 도달했어
나는 달려왔어 지금 이 순간까지 모든 것 희생하며
지금 이 순간 이 자리에 오기 위해
한 잔 했다 즐거워서 그래 한 잔 했다 기쁨으로
행복하다 날아갈 것 같다 저 하늘로 저 높은 하늘로
이제 남은 것 그건 행복뿐 사랑하는 가족과 함께
나는 기쁘다

남편 전화기를 꺼내 전화를 건다.

아내 (목소리만) 여보세요? 왜 이제야 연락해요? 얼마나 기다렸는데.
자세히 얘기 좀 해봐요.
남편 미안, 미안. 짬을 낼 수가 없었어. 여태 여기저기 끌려 다니며 보고하고, 끝나고도 새로 결성된 팀 직원들이랑 가볍게 한 잔하고 이제야 여유가 생겼어.

아내 그러니까 당신 프로젝트가 선택되었고 당신이 그 프로젝트를 총괄하는 본부장이 되었다는 거죠?

남편 그래. 맞아. 바로 그거야.

아내 정말 잘됐네요. 축하해요. 이제 우리 큰 집으로 이사하고 차도 바꿀 거죠? 설마 약속 잊은 건 아니죠?

남편 물론이지. 당신이 원하는 대로 해.

아내 정말이죠? 고마워요. 내일부터 당장 집 찾으러 다녀야지. 어느 동네가 좋아요?

남편 난 상관없으니까 아무 곳이나 당신이 원하는 곳으로 해.

아내 알았어요. 그런데, 그런데 …… 당신이 본부장이 되면 당신 앞으로 더 바빠지는 거 아니에요? 여태껏 당신이 프로젝트를 준비하기 시작한 이후, 얼굴도 제대로 보지 못하고 살았는데 앞으로는 아예 당신은 돈 버는 기계가 돼서 집에서 얼굴조차 보기 어려울지도 모르겠네요.

남편 아니 기분 좋은 날 왜 그래? 잘 알잖아. 내가 왜 무엇 때문에 이렇게 죽어라 일을 하는지.

아내 알죠. 알기야 하죠. 하지만 당신이 돈을 아무리 많이 벌어오더라도 우리한테는 돈도 필요하지만 당신도 필요해요. 같이 저녁이라도 먹으면서 애들하고 얘기라도 할 보통 아빠도 필요하다구요.

남편 알았어. 알았어. 내가 앞으로 신경 쓸게.

아내 어쨌든 당신이 잘돼서 분명 축하는 해야겠는데요, 분명히 알아두세요. 우리에겐 당신이 더 필요하다는 걸. 그리고 특히 애들에게는 당신이 꼭 필요해요. 걔들 요새 사춘기인 건 알고나 있어요? 나 혼자 힘들어요. 돈도 좋고 승진도 좋지만 어쩌면 지금이야말로 아빠가 꼭 필요할 때인지도 몰라요.

남편 알았다니까. 내가 나 혼자 잘되자고 이러는 거 아닌 걸 당신도 잘 알잖아. 난 가족 밖에 없어.

아내 몰라요. 하여간 빨리 들어오세요.

남편 알았어. 애들이나 바꿔줘.

아내 잠깐만요. (아들에게) 아빠야.

아들 (역시 목소리만) 아빠?

남편 어, 아들. 뭐해?

아들 저녁 먹고 잠깐 티비 보고 있어. 그런데 뭐가 잘 됐어?

남편 응, 아빠가 직장에서 중요한 프로젝트를 하나 제안했거든. 그런데 그게 채택돼서 아빠가 본부장으로 승진 한 거야.

아들 야, 아빠 잘됐네. 아빠 그럼 이제 우리 부자 되는 거야?

남편 부자? 그래. 그렇지. 부자가 되는 거지.

아들 아빠, 나 그럼 살 거 많은데.

남편 뭘 사고 싶은데? 우리 아들이 원하는 거라면 아빠가 뭐든지 다 사 줘야지.

아들 있잖아.

동생 (역시 목소리만) 오빠. 오빠. 나도 바꿔줘~

아들 야, 내가 먼저 얘기하고.

딸 오빠는 많으니까 나중에 얘기하면 되잖아. 이리 줘. (전화기를 빼앗아서) 아빠. 축하해. 그리고 아빠, 아빠 승진 기념으로 우리 이번 주에 나가서 밥 먹자. 나 옷도 하나 사주고.

아들 (대화에 끼어들어) 아빠. 나는 폰 바꿔줘. 그리고 노트북도 하나 사주고.

남편 그래 아빠가 약속할게. 우리 딸 아들. 그동안 아빠가 일 때문에 바빠서 너희들에게 신경도 제대로 못 썼는데 아빠가 이번만큼은 너희들이 원하는 대로 모두 다 해줄게.

딸 약속하는 거다.

남편 그래. 약속.

아들 예이! 우리 아빠 최고!

딸 알았어. 아빠, 엄마가 얼른 들어오래.

남편 그래. 지금 아빠 술이라도 깰 겸 걸어가는 중이거든. 곧 도착한다고 엄마에게 말씀 드려.

딸 응. 빨리 와~

전화 끊고. 하늘을 올려다보며

노래3 **내가 일하는 이유 : 남편**
너는 알지 내가 일하는 이유 밤하늘 떠 있는 별 너는 알지
행복 행복 바로 그거야 그게 바로 이유야 행복하기 위해
열심히 노력했어 내 모든 것 희생하며
매일을 보냈어 오늘을 기대하며
이제부터 나의 삶은 가족과 함께 내 모든 것 가족과 나누며
내 모든 약속 그것을 지키며 더 큰 집 새 차 새 폰 그리고 새 옷
가족과 함께 약속 지키며 이게 바로 행복이야

행복 가족과 함께 하는 것

남편 (달려 나가며) 자 집으로!

신나게 뛰어 퇴장한다. 별들의 갑작스런 동요. 그리고 잠시 후 자동차 급브레이크 소리, 충돌하는 소리 …… 무대 어두워지며 천둥과 번개가 보인다. 검은 하늘에 천둥이 치고 마치 갈 수 없는 어떤 곳으로 가는 듯한 이미지가 펼쳐지고 지옥의 소리 같은 소리가 다소간 무섭거나 소름 돋게 들린다. 무대 구름이 걷히며 빛이 빛나는 가운데 무대 한 가운데에 옥황상제가 있고 그 옆에는 커다란 책이 넘어가고 있으며 그 책에 쓰인 내용이 큰 소리로 읽혀지며(물론 아무도 이해할 수 없을 것이다. 당연히 인간이 이해할 수 없는 언어로 쓰였을 테니까) 심판을 거쳐 인물들이 지옥에 떨어지거나 별이 된다. 소음도 요란하면 좋겠다. 위협적인 소리들, 끔찍한 소리들. 전체적으로 무대는 미켈란젤로의 〈최후의 심판〉을 연상시킨다.

노래4 웰컴 투 헤븐 : 염라대왕 & 코러스
염라대왕)
인간들이여 인간들이여 한 세상 살고 돌아오는 인간들이여
어땠는가 그대들의 삶은 세상에서 소중했던 그대들의 삶은
불만과 고통으로 살았는가 하루하루를 찌푸린 얼굴로
만족하게 살았는가 매일을 행복한 웃음으로
지금은 심판의 시간 그대들이 보낸 시간에 대한
지금은 심판의 시간 그대들이 살아온 인생에 대한

기나긴 우주의 역사 속에서 한 순간 짧디 짧은 순간이지만
인간들 이야기 너무도 다양하고 많기도 하구나
선한 일 악한 일 행복한 일 그리고 슬픈 일
돌아오는구나, 기나긴 혼자만의 역사를 쓰고

남편 들어온다. 책장이 넘어가고 그 책을 보고 염라대왕 평가한다.

그대들은 받았다 아무 것도 채워지지 않은 순수한 삶을
원하는 색을 칠하라 선택할 기회를 받았다
수많은 색으로 칠해진 그대들의 삶
행복 불행 슬픔 기쁨 수많은 감정으로 가득 찬 인간들의 삶
죄짓지 않고 살다 온 인간이여 그대에게 더 한 축복이 있으리라
휴식과 준비의 공간에서 편안하게 머물며
수고를 벗고 쉴 지어다
아픔이 남았다면 완전히 치유 받을 것이다
보다 큰 행복이 그대에게 돌아갈 것이다

또 다른 죽은 이 들어온다. 위와 동일한 방법으로 평가받고 그는 지옥으로
한없는 소리와 함께 떨어져 지옥 불 위에서 고통 받는 모습이 보인다.

악한 인간이여 아무 것도 보이지 않는 악한 인간이여
많은 악을 행한 너무도 어두운 인간이여
어디에서 받았는가 악을 누구로부터 배웠는가 악을

그대를 원망하는 소리 세상에 아직도 드높다
세상에 남긴 아픔으로 아파하는 소리 드높다
눈에는 눈 이에는 이
고통 받으리라 그대가 세상에 남기고 온 악으로 인해
그대의 삶에서 그대가 행한 죄에 대한 갚음이다

이런 죽은 사람들이 들어오는 상황은 계속된다. 노래는 별들이나 혹은 옥황상
제의 부하들이 함께 부르는 분창이나 합창으로 바뀐다.

코러스)
그대들은 삶을 받았다 인간들이여
순수한 삶을 아무 것도 그려지지 않은
어떻게 그리는가 인간들의 몫
자신 만의 색깔로 자신 만의 행복을
자신 만의 색깔로 자신 만의 진실을
판단될 것이다 인간들의 삶이 이제 이곳에서
결정될 것이다 인간들의 위치 이제 이곳에서
편안한 밝음이냐 고통의 암흑이냐
밤하늘 빛나는 별이냐 깊은 어둠 속 지옥 불이냐
자신의 삶을 만들어라 되는 대로 살지 말아라
행복한 삶으로 만들어라 최선을 다해 살아라
그대들의 선과 악 이곳에서 평가 받을 것이다

하늘이 뒤집히고 염라대왕의 심판대는 하늘로 올라가고 별들이 앞으로 나온다.

#2 - 우리는 별

안무가 함께 동반되며 화려한 별들의 군무가 시작된다. 무대에서는 〈고도를 기다리며〉에서와 같은 뭔가 모를 끝없는 기다림도 느껴지면 좋겠다.

노래1 Re. 우리는 별 : 별들
깊고 어두운 밤하늘 반짝이는 우리는 별
우리는 죽은 사람들 죽어 별이 된 사람들
사람들 누구나 죽음의 친구 별 또한 죽음의 친구
수많은 시간들 한 세상 살며 보낸
즐거웠던 시간 행복했던 시간 모두 그리운 시간들
슬펐던 시간 외로웠던 시간 모두 떠나 보내고
여기 푸른 밤하늘 드높이 떠 있는 우리는 별
삶처럼 여러 색깔 가지고 있는 우리는 별
사람들 비추지 이 높은 밤하늘에서
사랑하는 사람들 그리워하는 사람들
안아보고 싶은 사람들 세상에 남기고 온
그들을 비추고 그들을 기억하기 위하여
이 깊고 어두운 밤하늘 반짝이는 우리는 별

남편 등장해서 정신을 차린다.

남편 여기가 어디죠? 그리고 당신들은? 자동차가 달려오는 걸 본 것 같은데 혹시 내가 죽었나요? 내가 교통사고로 죽었나요? 아니야, 아니야! 그럴 리가 없어. 안 돼. 안 돼! 난 가족에게 가야 해. 모두 날 기다리고 있어 이렇게 죽을 수 없어. 이건 말도 안 돼. 난 이제부터 새로운 삶을 시작해야 해. (주변을 돌아보지만 아무도 말이 없다.) 안 돼요. 이렇게 허무하게 죽을 수는 없어요. 이건 말도 안 돼요. 오늘을 기다리며 여태까지 내가 어떤 고생을 했는데 안 돼요. 이럴 수는 없어요. 이렇게 죽을 수는 없어요.

노래5 안 돼 안 돼 : 남편 & 별들

남편)

알려줘요 보여줘요 어떻게 해야 할 지

여긴 아니에요 내가 있어야 할 곳

내 가족 나를 기다리고 있어요

지켜야 해요 내가 한 약속들

제발 도와줘요 알려줘요 어떻게 해야 할지

이럴 수는 없어 이럴 수는 없어

이제서야 가족들과 행복한 시간 가질 수 있게 됐는데

안 돼 안 돼 이건 안 돼 이건 말도 안 돼

나는 죽지 않았어 죽을 수 없어

내가 할 일 해야 할 일 너무도 많아

모두 내 일이야 내가 마무리 지어야 할

안 돼 안 돼 이건 안 돼 이건 정말 안 돼

나 이제껏 살아왔어 오늘 이 순간만을 기다리며

오늘 내가 이룬 목표 이게 나의 희망이야

나의 새로운 삶이야 이제부터 시작이야

내가 마무리 지어야 해 나의 이 새로운 시작

말해줘요 알려줘요 어떻게 해야 할 지

안 돼 안 돼 난 죽을 수 없어

안 돼 안 돼 이건 안 돼 이건 정말 안 돼

별들)

우세요 소리치세요 화도 내세요 당신 이해해요

하세요 무엇이든 폭발시키세요 당신의 분노

소리지르세요 욕도 하세요

원망하세요 화도 내세요

당신은 죽었어요 그래요 당신이 죽은 건 사실이에요

당신은 다시 살 수 없어요 당신은 죽었어요

남편)

거짓말이야 거짓말이야 믿을 수 없어 믿을 수 없어

나는 죽지 않았어 나는 죽지 않았어

나는 죽을 수 없어 이렇게 죽을 수 없어

이건 아니야 이건 아니야 이건 내 운명이 아니야

나는 약속했어 아이들에게 그들이 원하는 모든 것 해주겠다고

아내에게도 약속했어 큰 집으로 이사가고 차도 바꾸겠다고

나는 지켜야 해 내가 한 모든 약속

나는 지킬 거야 내가 한 모든 약속

당신들은 거짓말하고 있어 내가 죽었다고

나는 지킬 거야 가족과 한 약속

거짓말이야 거짓말이야 나는 약속을 지킬 거야

나는 죽지 않았어

간주, 미쳐가는 남편. 열심히 출구를 찾아 헤매다가 스스로 무너지며

나는 죽었다 나는 죽었다

가족들과 한 약속도 지키지 못하고

해야 할 수많은 일을 남긴 채

이제부터 시작될 행복한 삶을 누리지도 못한 채

이렇게 아무 것도 할 수 없이

나는 죽었다 나는 죽었다

별들 모두 남편 별 주위에 모여 남편을 위로하며

노래6 이해해요 : 여인별 & 남편

여인별)

이해해요 당신의 아픔 이해해요 너무도 큰 절망

알아야 해요 여긴 높은 밤하늘 알아야 해요 당신은 죽었어요

믿어지지 않겠죠 믿고 싶지 않겠죠

당신은 죽었어요 그래요 당신은 죽었어요

당신은 별이 될 거예요 이 높은 어두운 밤하늘에

여기는 밤하늘 우리는 빛나는 별

사랑하는 가족들 사랑하는 사람들

그들을 비추죠 그것이 우리의 일

비춰야 해요 여기 밤하늘에서

비춰야 해요 사랑하는 모든 사람들

비춰야 해요 당신이 해야 할 일

비춰야 해요 그들이 길 잃지 않도록

남편)

신이시여 신이시여 왜 내가 여기에 있나요

내가 무슨 잘못을 했나요 죽어야 할 만큼

당신은 잘 알죠 내가 어떻게 살아왔는지

내가 왜 죽어야 하나요 내가 왜

어떻게 해야 해요 내 약속을

신이시여 왜 내게 이런 고통을 주나요

행복을 빼앗지 마세요 제발 내게서 행복을 빼앗지 마세요

신이시여 나는 죽을 수 없어요

여인별 / 남편)

이해해요 당신의 아픔 // 견딜 수 없어요 견딜 수 없어요

우리 모두 아픔 있어요 // 가족들에게 가고 싶어요

우리 모두 사랑하는 가족 있어요 // 견딜 수 없어요 견딜 수 없어요

우리 모두 그들 곁에 있고 싶어요 // 가족들에게 가고 싶어요

간주와 더불어 세상을 비추는 별들의 춤 아름답게 펼쳐진다. 더불어 남편이

별이 되는 의식도 행해지고 남편은 별이 된다.

여인별)

별들이 빛나는 이유 매일 밤 더 밝아지는 이유

돌아갈 수 있기 때문 사랑하는 가족 품으로

나의 빛이 세상을 구할 수 있을만큼 밝아졌을 때

우리는 돌아갈 수 있어 사랑하는 가족에게

별이 되었던 모든 기억 죽었던 모든 기억

모두 모두 사라져 아무 흔적 남지 않게 되고

세상에 남기고 온 사랑하는 사람들에게 돌아가

끝내지 못한 삶 다시 계속해 살 수 있어

별들의 진실 모든 별들이 알고 있는

죽음을 넘어 다시 소중한 삶으로

돌아갈 수 있어 아무 일 없었던 듯

우리의 희망 우리의 꿈 가족들에게 돌아가고픈 별들의 소원

갑자기 한 별에게 강한 빛이 비추어 지고 그는 하늘로 치솟아 세상으로 살아

돌아간다. 무언가 의식을 통해 화려한 무대가 만들어진다.

노래7 **나 드디어 돌아가 : 돌아가는별 & 별들**

나 드디어 돌아가 나 드디어 돌아가

매일 밤 꿈꾸던 나의 희망 매일 밤 간직했던 나의 큰 소망

얼마나 많은 밤 빛났던가 오늘을 위해

얼마나 많은 밤 눈물 흘렸던가 이 순간을 위해

나 드디어 돌아가 그리워하던 가족에게

이 밤하늘 경주에서 나는 드디어 승자야

모두 다 잊을 수 있어 지난 외로움

무엇이라도 할 수 있어 지금 이 순간

별들이여 별들이여 모두 돌아갈 수 있어

희망을 잃어서는 안 돼 언제든 가능하니까

밤하늘보다 더 큰 희망을 가져야 해

더 밝아져야 해 돌아가기 위해

안녕 안녕 별들이여

돌아가는별 하늘로 사라지고, 모든 별들 부러워하며 돌아가고자 하는 희망과
열망을 가지고

노래8 난 돌아갈 수 있어 : 솔로 & 합창 & 분창

하루하루 열심히 빛을 비추지

매일 밤 이 끝없는 밤하늘을 달려

저 거대한 목표를 달성하기 위해

마지막 나의 희망에 도달하기 위해

나는 소중한 미션을 수행할 수 있어

나는 이 밤하늘에서 가장 빛나는 별이 될 거야

나의 온 빛을 내가 사랑하는 모든 이들에게 비출 거야

내 모든 존재가 불타 없어질 때까지

나를 밝게 만들 수 있다면 무엇이든 할 거야

얼마나 많은 밤을 반짝이는 지는 중요하지 않아

기회가 있다면 바로 그 기회가 있다면

내가 바로 그 영광스러운 챔피언이 될 거야

행복하게 웃으며 돌아갈 거야

간주와 더불어 별들의 희망 더욱 간절해지며 그들의 돌아가고자 하는 열망에서

생기는 행동들도 더욱 많아지고 아름다워진다. 남편도 처음에는 적응하지 못

하지만 곧 상황을 파악하고 별들의 춤과 행동에 동참한다.

남편)

나는 소중한 미션을 수행할 수 있어

나는 이 밤하늘에서 가장 빛나는 별이 될 거야

나의 온 빛을 내가 사랑하는 모든 이들에게 비출 거야

내 모든 존재가 불타 없어질 때까지

나를 밝게 만들 수 있다면 무엇이든 할 거야

얼마나 많은 밤을 반짝이는 지는 중요하지 않아

기회가 있다면 바로 그 기회가 있다면

내가 바로 그 영광스러운 챔피언이 될 거야

행복하게 웃으며 돌아갈 거야

별들의 춤 계속되는 동안

노래9 **살고 죽고 : 염라대왕**(먼 곳으로부터) **& 별들**

인간은 세상에 태어난다 자신에게 주어진 생명을 가지고

인간은 한 세상 살아간다 자신에게 주어진 운명으로
약속된 시간이 되면 새로운 세상을 만나게 된다
하늘로 돌아가는 것 밤하늘 별이 되는 것
어느 날 인간은 살던 곳을 떠나 하늘로 돌아간다
새 삶을 새로운 색깔로 칠할 수 있기를 기다리며
세상에 남기고 온 모든 사람들로부터 잊혀질 때까지
인간은 빛나는 별 저 하늘에서

노래 진행되는 동안 인간의 생로병사와 윤회까지가 모두 무대에서 보일 수
있기를 바란다. (여기에서 노래는 별들의 합창으로 바뀔 수도 있다.)

별들은 세상 비추지 사랑하는 사람들을
매일 밤 세상 바라보지 사랑과 그리움으로
하루하루 밝아지며 돌아가길 기대하며
하루하루 어두워지며 돌아갈 수 없어질 때까지
어느 날 별들에게 더 이상 빛이 남지 않게 될 때
어느 날 별들이 모두에게서 잊혀지게 될 때
그의 존재는 사라지고 그의 빛도 사라지고
그는 잊혀져 갈 것이고 기억도 사라질 것이다
그것은 끝 한 생명의 끝
그러나 그것은 새로운 시작 새로운 생명의 시작
하나의 생명이 사라지고 새로운 생명으로 탄생하고
태어나고 죽고 또 다시 태어나고 또 죽고

삶과 죽음의 끊임없는 반복 신이 인간에게 준 약속

그것은 윤회

하나의 생명이 사라지고 새로운 생명으로 탄생하고

태어나고 죽고 또 다시 태어나고 또 죽고

삶과 죽음의 끊임없는 반복 신이 인간에게 준 약속

그것은 윤회

노래 끝, 무대가 돌고 염라대왕은 사라지고 별들은 무대의 보다 높은 곳으로

옮겨지며 무대가 위 아래로 분리된다.

#3 – 별들의 이야기 ────────────────

여인별, 앞 무대로 내려온다. 여인별의 남편 등장하고 의사 등장한다.

의사 저희도 여러 각도에서 충분히 검토를 해 보았습니다. 그렇지만 현재 전이가 너무 심각한 상태라 수술조차 의미가 없겠습니다.

여인별남편 살려 주세요. 제발 살려 주세요.

여인별 가능성이 전혀 없을까요? 수술 불가능한가요?

의사 제 판단으로는 수술은 더 위험한 선택입니다. 죄송합니다. 원하신다면 다른 병원을 추천해 드리겠습니다. 죄송합니다. (퇴장)

무거운 침묵, 남편 운다.

여인별 울어? (남편 흐느끼는 소리 점점 제어가 되지 않고 커진다.) 자기 우는 거 처음 봐. 자기 나 죽으면 지금처럼 서럽게 울어 줘야 돼. 새 장가 갈 생각에 덩실덩실 춤추지 말고.

여인별남편 여보. 우리 다른 병원 가자. 더 유명한 의사한테 가보자.

여인별 자기야. 여기가 우리나라에서 최고로 좋은 병원이고. 저 박사님이 최고로 유명한 권위자라잖아.

여인별남편 그래도. 그래도. 내가 알아볼게. 유럽이든 미국이든 어디든. 가보자. 살 수 있어. 너 살 수 있다고!

여인별 자기 그거 기억나? 우리 연애 할 때 산에 캠핑 갔던 거?

조명 조금 빨리 어두워지고. 둘은 준비된 텐트를 둘러메고 산으로 가서 텐트를 치고 텐트 앞에 앉아 별을 센다. 조명 밝아진다.

여인별   별 참 예쁘다. 자기 저 별들이 우리를 보고 있는 것 같지 않아? 저 별들은 우리를 사랑하는 사람들이래.

여인별남편   누가 그래?

여인별   그냥 어디선가 들은 얘기야. 그나저나 우리 결혼하기 전에 오는 마지막 여행이겠다. 그치? 자기 결혼하면 나한테 잘해야 돼. 항상 집에 일찍 들어오고 항상 밥은 같이 먹고. 나는 혼자 밥 먹는 거 정말 싫어해. 알았지?

여인별남편   그럼. 당연히 그래야지.

여인별   나 자기 닮은 예쁜 딸 하나 낳고 싶어. 그런데 내가 애를 낳을 때까지 잘 살 수 있을까?

다시 현실 상황으로 빠져 나오며

여인별   나는 왜 이런 운명을 가지고 태어났을까? 아이라도 하나 낳아 당신에게 안겨주고 떠나고 싶었는데. 미안해.

노래10 **미안해요 : 여인별**
미안해 여보 정말 미안해 예쁜 아이라도 하나 낳았더라면
잊지 말아줘 나를 기억해줘 나를 나는 당신 사랑해
당신은 모르지 내가 당신 보고 있다는 걸

당신은 모르지 내가 당신 그리워하고 있다는 걸

별빛이 밝으면 하늘을 바라봐 그것이 내 빛이라 느껴줘

나는 당신 바라보고 있어 아직도 당신 사랑하고 있어

만지고 싶어 당신을 느끼고 싶어 당신의 숨결을

떠 있고 싶지 않아 이렇게 밤하늘 외롭게

돌아가고 싶어 당장이라도 돌아가고 싶어

나를 기억해줘 당신 사랑하는 나를 기억해줘

아직도 생생해 우리의 사랑이 돌아가고 싶어 당신에게로

이 차가운 밤하늘 당신은 느끼지 못하는 밤하늘

이 어두운 밤하늘 당신이 보지 않는 밤하늘

외로워 쓸쓸해 당신 품이 그리워

힘을 줘 내게 돌아갈 수 있도록

잊지 말아줘 나를 돌아갈 수 있도록

내가 원하는 것 내가 원하는 오직 한 가지

당신에게 돌아가는 것

위 노래 진행되는 사이 여인별 남편은 텐트를 걷어 퇴장. 무대는 다시 돌아 밤하늘. 그리고 모든 혹은 몇몇 별들이 동시에 얘기를 시작한다. 그들의 슬픈 이야기를. (이 아래에 쓴 '남편별'의 대사는 하나의 예이다. 적어도 이 대사 길이 분량의 대사들을 별들이 동시에 말한다. 즉 각 별들은 각자의 이야기를 써서 그것을 모두 동시에 얘기한다는 의미이다. 아마도 별들의 이야기는 슬픈 이야기일 것이다. 모두 죽은 사람들이니까. 또한 관객은, 집중하면, 자기가 선택한 한 별의 이야기를 들을 수도 있어야 한다. 즉 각각의 별들은 그냥 허공에 던지는 이야기가 아니라 자신의 이야기를 관객에게 전달하기 위해 말을 해야 한다. 그리고 이 이야기들은 꼭 무대 위에서만 행해질 이유는 없다. 배우들이 객석으로 내려가 자기 주변 관객들에게 집중적으로 말할 수도 있다. 이 장면은 혼란스럽지만 잘 정리될 수 있어야 하고, 별들 각각의 이야기를 들을 수 있어야 하며, 동시에 전체 분위기를 관객이 이해할 수 있어야 한다. 분위기는 당연히 슬픔으로부터 출발해 분노로 연결될 것이다. 대부분 죽음이란 억울할테니까. 그래서 그 분노가 대사를 거쳐 노래로 연결되고 소리지름을 거쳐 기도로 정리된다.)

남편별 그래요. 나는 정말 억울합니다. 나는 정말 그 누구에게도 피해를 주지 않고 오로지 내 할일만 최선을 다하며 살았어요. 그 덕분에 본부장도 될 수 있었던 것이고. 그런데 이게 뭔가요? 그동안 내가 미루어 두었던 모든 일들, 본부장이 된 다음에 하려고 미루어 놓았던 모든 일들, 이 모든 것들이 다 의미가 없어졌어요. 그래요. 나는 정말 억울해요.

여기부터 각각의 별들이 자신의 이야기를 시작한다. 모두 동시에.

남편별 어려서부터 나는 언제나 매사에 최선을 다 했어요. 남들보다 일찍 일어나고 늦게 자고, 한 번 맡은 일은 무슨 일이 있어도 꼭 완수하고. 나는 실수도 하지 않았고 정말 언제나 완벽하게 일을 처리했어요. 직장에 취직해서도 마찬가지였죠. 처음에는 일이 즐거웠기 때문이고 결혼한 이후에는 내 가족들에게 행복한 미래를 열어주어야겠다는 일념이었죠. 어떻게든 빨리 자리 잡고 승진해서 좀 더 큰 집도 사고 큰 차도 타고 애들도 좋은 학원 보내고 가끔 해외여행도 가고. 이게 내가 가진 유일한 생각이었어요. 모두 이런 생각하지 않나요? 특히 회사에 프로젝트를 제안한 이후, 회사에서 한 일 년 정도 추진하고 결정하자고 한 이후에는 정말 집에도 제대로 못 들어갔어요. 어떻게든 이 프로젝트가 성공해야 한다. 이 프로젝트를 통해 내 능력을 인정받아야 한다. 만일 이게 잘못되면 내 인생도 내 가족도 모두 끝이다 생각이 드니 한 순간도 일에서 눈을 뗄 수 없었어요. 내 개인 인생은 없어졌죠. 그냥 프로젝트에 미친 한 인간만이 있었을 뿐이죠. 정말 1년간 나는 내 능력을 입증하고 내 프로젝트가 효과적이라는 것을 입증하기 위해 최선을 다 했어요. 덕분에 가족에게는 소홀할 수밖에 없었죠. 아니 애들 얼굴 보기조차 어려웠어요. 하지만 아무도 원망하지 않았어요. 내가 선택한 길이니까. 물론 집사람도 또 아이들도 모두 이해했어요. 어차피 지금 이 순간 내가 조금 더 고생하면 곧 보다 나은 미래가 있을 수 있다고 생각했으니까. 그래서 가족들과 제대로 외출도 못하고 밥도 못 먹고 또 편안히 말을 할 수도 없었지만 다 참을 수 있었어요. 어차피 인생은 미래를 위한 투자라고 생각했으니까. 그리고 내가 예상한 대로 내 프로젝트는 훌륭했어요. 현재까지의 매출을 두 배 이상 혁신시킬 수 있었으니까. 그리고 그 이익의 일부를 스톡옵션으로 받을 수 있으니까. 나는 이제부터 고생 끝 행복 시작이라고 생각했죠. 당연하잖아요. 이제 나는 본부장이니까. 이제 부자도 될 수 있으니까. 그래요. 나는 됐어요. 모든 걸 가질 수 있게 됐어요. 모두가 부러워할 대상이 될 수 있었어요. 그래요 나는 성공했어요. 나는 성공했다고요. 그런데 이 중요한 순간에, 이 중요한 순간에, 아니 이제 뭔가 이루어지고 이제부터 나의 행복한 인생이 시작되는 순간에. 나뿐 아니라 나의 가족 모두가 기다리던 이 순간에. 이 절체절명의 순간에. 내가 죽어야 하다니! 내가 죽어야 하다니! 어떻게 이럴 수가 있을까요? 이건 말도 안 돼요. 이럴 수는 없어요. 아마 나처럼 불행한 사람은 없을 거예요. 그동안 내가 투자한 그 모든 시간, 열정 그리고 보장된 미래. 그 때문에 내가 소홀할 수밖에 없었던 내 가족. 함께 할 수 있는 행복한 미래를 기대하며 모든 것을 이해해 주던 내 가족. 도대체 신은 왜 이 순간에 나를 데려왔을까요? 이것이 내 운명이라고 내게 주어진 내 인생이라고 포기하기에는 너무 가슴 아파요. 이럴 수는 없어요. 이렇게 말도 안 되는 상황이 어떻게 가능할까요? 왜 신은 이 순간에, 다른 순간도 아닌 하필 이 순간에, 나를 죽게 만들었을까요? 내가 나쁜 인간이라면, 내가 죄라도 짓고 남들에게 피해라도 주었다면, 그 때문에 벌을 받는 것이라면, 그래요, 인정할 수도 있어요. 하지만 나는 정말 부끄럽지 않게 살았어요. 최선을 다하며 살았어요. 그런데 이렇게 허무하게 죽다니, 이렇게 허무하게 죽다니.

별들의 슬픈 이야기는 노래를 통해 더 강해진다. 아래의 노래는 거의 분노의 절규로 발전해 간다.

별들)
죽음은 가장 큰 슬픔
죽음은 우리를 갈라놓지 모든 사랑하는 이들로부터
우리는 차가운 땅 속에 묻혀 눈물 젖은 꽃들과 함께

어둡고 외롭고 헛되고 공허하고 움직임 없고 그리고 불가능한

죽음은 가장 잔혹한 일

우리 눈을 감게 만들고 몸을 차갑게 하고

그리고 숨을 멈추게 하지

우리는 더 이상 아무 것도 할 수 없어 우리는 멈추었으니까

잊혀지고 사라지고 멈춰지고 끊어지고 부서지고

그리고 아무 것도 아닌

죽음은 우리로부터 모든 걸 빼앗아가

죽음은 더 이상 아무 것도 의미하지 않아

죽음 끝이야 끝

별1 돌아가고 싶어요. 세상에 남기고 온 사람들에게.

별2 우리를 돌아가게 해주세요.

별3 이렇게 밤하늘에서 외롭게 있고 싶지 않아요.

별4 우리를 돌려 보내 주세요.

별5 우리를 돌아갈 수 있게 해주세요.

별6 나는 돌아가고 싶어요. 신이시여. 신이시여!

이런 분노의 표현은 좀 더 연장될 수도 있다. 단, 각 배우의 대사들이 선명하게 들리기보다는 모두 함께 대사를 하거나 해서 전체적인 분위기만 전달하는 것이 바람직해 보인다. 한참 분노가 진행된 이후, 별들의 분노는, 차츰 기도로 변한다.

별7 우리를 불쌍히 여기소서. 우리에게 희망을 주소서.

별8 지금이라도 우리를 되돌아가게 하소서.

별9 신이시여. 신이시여. 우리에게 생명주는 신이시여.

별들은 기도를 시작한다. 물론 모든 별들의 기도 역시 각각의 배우들이 작성한다. 단 이 기도의 내용을 관객들이 알아들을 필요는 없다. 그냥 울림 좋은 성당에서 모두가 조용히 기도를 올리는 듯 듣기 좋은 웅성거림이 있다. 기도가 어느 정도 지속된 후

별들)

신이시여 신이시여

내게 생명 주고 행복 주는 신이시여

당신의 축복으로 나는 이 세상에 왔습니다

당신의 인도로 나는 이 세상에 왔습니다

나를 인도하시며 나에게 기회를 주는 신이시여

나를 구원하소서 나에게 이런 고통을 맛보게 하지 마소서

내게 기회를 주시고 나를 슬픔에서 구원하소서

신이시여 신이시여

갑자기 주변이 복잡해진다. 길 잃은 사람을 발견했다. 별들이 모두 그 사람을 구하는 일에 참가한다. 남편별도 적극적으로 참가한다. 밝아지고 뭔가 빛도 보내고 아크로바틱적인 움직임 등 다양한 움직임과 조명이나 무대의 효과를 바탕으로 세상에 빛을 비추는 이미지를 보여준다.

노래11 길 잃은 이 : 합창

아니야 거기는 아니야 거기는 아니야 길이
안 돼 안 돼 거기로 가면 안 돼 안 돼 돌아와 여기
여기를 봐 우리를 봐 밤하늘 빛나는 우리를 봐
우릴 봐 빛을 봐 우리가 비추는 이 밝은 빛을 봐
길을 봐 길을 봐 우리가 비추는 길을 다시 봐
돌아서 그쪽이 아니야 안 돼 안 돼 거기는 아니야

길 잃은 이를 돌아오도록 인도하는 안무와 행동들. 길 잃은 이 구해지면

많은 사람들 길을 잃어 매일 밤 많은 사람들
그들을 인도하는 것 제대로 갈 수 있도록
길 잃은 이 길 되찾고 삶을 유지할 수 있도록
가야 하는 길 길 잃지 않도록
어두운 밤 길 잃는 수많은 사람들
슬픈 인생에 괴로워하는 수많은 사람들
그들 모두 우리에게 물어봐 이 하늘 올려다보며
어디로 가야 할지 어떤 선택해야 할지
너무도 많은 슬픈 이야기들
밤하늘 가득 채우는 슬픈 이야기들
그들을 인도하고 그들에게 길 비추어 주고
가야 할 길 갈 수 있도록

남편별 한쪽으로 빠지며

남편별)

사랑하는 가족들 나는 노력하고 있어

나는 돌아갈 수 있어 신은 알고 있으니까

잘 될 거야 곧 돌아갈 수 있을 거야

신은 알고 있어 내가 얼마나 노력했는지

기다려줘 나를 나를 기다려줘

노래 끝나기가 무섭게 지친별이 앞으로 나서며

지친별 (앞으로 나서며) 바보 같은 소리! 멍청한 소리! (남편별에게) 희망?
가지지 않는 게 좋을 거야. 절망만 더 커질 테니까. (별들에게) 당신들
은 아직도 희망을 가지고 있어? 다시 돌아갈 수 있다고? 말도 안 되는
소리야. 그래. 봤지. 우리 모두 돌아가는별을 보았지. 하지만 그렇게
어쩌다 하나씩 돌아가서는 우리가 다 돌아가기 위해 상상할 수 없는
시간이 필요해. 난 수십 년을 이렇게 비추고 있어. 그 어떤 별보다 빛
나려 애썼지. 그렇지만 돌아갈 수 없었어. 난 더 이상 믿지 않아. 더 밝
아지면 돌아갈 수 있다는 걸. 그냥 우리는 이렇게 가슴만 조리며 돌아
가고 싶다는 희망만 가지며 저들에게서 잊혀질 때까지 여기에서 빛이
나야 하는 거야.

노래12 다 헛소리야 : 지친별

다 헛소리야 모든 것이 나는 믿지 않아 아무 것도

나는 듣고 싶지도 않아 그 어떤 것도

당신들 하는 모든 이야기 당신들 가지고 있는 희망

우리가 여기에서 하는 모든 일 다 헛소리야

우리 모두 알고 있어 거짓임을 알고 있어

모두 다 헛소리야 헛소리 신은 우리를 버렸어

우리는 이 밤하늘 잊혀진 존재일 뿐이야

이렇게 비추다 사라져 갈 뿐이야

한쪽 편에 있던 어두운별들 함께 개입한다.

어두운별들)

우리는 당신들 생각에 동의하지 않아

우리는 돌아갈 수 있다는 생각 더 이상 가지고 있지 않아

돌아갈 수 있다는 얘기 헛소리 희망을 이용해서는 안 돼

우리가 이 어두운 밤 매일 노력할지라도

누구도 우리에게 길을 알려주지 않아 길을 보여주지 않아

우리는 이 먼 밤하늘 길 잃은 별들일 뿐이야

우리는 잊혀질 거야 그냥 아무도 기억하지 않게 될 거야

우리는 그냥 영원히 사라지게 될 거야

밝은별들이 다시 앞으로 나선다.

밝은별들)

안 돼 안 돼 희망을 잃어서는

안 돼 안 돼 절망해서는

우리에겐 약속 있어 돌아갈 수 있다는

신은 우리에게 약속했어 그래 약속했어

우리는 믿어야 해 우리는 절망하지 않을 거야

신은 우리를 버려두지 않을 거야

우리의 희망을 배반하지 않을 거야

믿어야 해 돌아갈 수 있다는 걸

믿어야 해 사랑하는 이들이 기다린다는 걸

어두운별들 / 밝은별들)

헛된 희망이야 // 돌아갈 수 있어

실현 불가능한 희망이야 // 믿어야 해

우리는 더 이상 믿지 않아 // 모든 것은 가능해

우리는 더 이상 믿을 수 없어 // 무엇이든 가능해

거짓말이야 헛소리일 뿐이야 // 믿어야만 해

나는 밝아지고 싶지 않아 // 그래서는 안 돼

우리는 더 이상 아무 것도 하지 않을 거야 // 그래서는 안돼

우리는 사라질 거야 // 아니야 돌아갈 수 있어

우리는 잊혀질 거야 // 아니야 돌아갈 수 있어

돌아갈 수 없어 // 돌아갈 수 있어

돌아갈 수 없어 // 돌아갈 수 있어

나는 아무 희망도 없어 // 돌아갈 수 있어

지친별 빠져 나오며

지친별)

난 화가 나 나도 노력했어

지난 수십 년 나는 노력했어

밝아지려 노력했어 최선을 다했어

나는 돌아갈 수 없었어 나는 돌아갈 수 없었어

수십 년이 지나갔어 이 어두운 밤하늘에서

수십 년을 보냈어 매일 매일 더 밝아지려 애쓰며

억울한 내 죽음 잊혀졌고 나는 미쳐갔고

돌아갈 수 있다는 것 나를 괴롭게 해

노력해도 돌아갈 수 없다는 것 더 나를 괴롭게 해

나는 이제 지쳤어 나는 돌아갈 수 없어

난 신을 원망해 거짓으로 우리를 속박하는

난 신을 원망해 공평을 실행하지 않는

괴로워하는 별들. 할아버지별 앞으로 나선다.

노래 13 **그래요 : 할아버지별**

그래요 돌아갈 수 없을지도 모르죠

살아서 원하는 대로 할 수 없었던 것처럼

죽어서도 원하는 대로 할 수 없을지도 모르죠

우리는 받아들여야 해요 우리가 죽었다는 것을

우리는 아쉬워해요 우리의 죽음을

우리는 돌아가길 원해요 우리의 삶으로

죽음과 삶이 그렇게 가까이 있다면

죽음과 삶의 구분이 없을지도 모르죠

죽음과 삶은 멀리에 떨어져 있어요

죽음과 삶은 서로 소통하지 않아요

우리는 받아들여야 해요

죽음과 삶은 서로 함께하지 않는다는 것을

얼마나 힘들겠어요 죽음에서 삶으로 가기가

당연히 힘들겠죠 삶에서 죽음으로 가는 것도

우리는 인정해야 해요

삶은 삶이고 죽음은 죽음이라는 것을

삶의 축적은 결국 죽음으로 끝이 나고

죽음의 진행도 결국 새로운 삶으로 끝이 난다는 것을

삶으로 돌아간다는 건 윤회로부터의 일시적인 탈선

때때로 신만이 베풀 수 있는 은혜

필요가 있을까요 신을 원망할

별들의 합창으로 바뀌어 가며

신이시여 신이시여 우리에게 생명주고

신이시여 신이시여 이곳에서 빛나도록 한

우리는 기다립니다 때가 되기를

우리는 기다립니다 당신의 따스함을

신이시여 신이시여 우리의 믿음을 지켜주시고

신이시여 신이시여 우리를 실망하지 않게 하소서

우리가 기다리는 그날 우리의 유일한 목표 그날

신이시여 신이시여 우릴 기억하소서

신이시여 신이시여 우리에게 희망주소서

우릴 돌아가도록 하소서 우릴 구원하소서

신이시여 신이시여 우리에게 희망을

신이시여 신이시여 별들에게 희망을

밤하늘에 가득 빛나는 별들의 반짝임. 그들의 소원. 저 반짝임만큼 별들이 돌아가고자 하는 열망은 크다. 완전히 암전이 된 가운데 별들의 반짝임이 눈부시다. 암전. 그리고 막간.

#4 – 부인의 요구

조명 인되면 별들의 축제로 시작. 돌아가고자 하는 별들의 축제. 빛의 쇼. 다양한 빛과 종류의 조명을 통해 일정 시간 동안 아래 음악을 테마로 빛 쇼를 펼친다.

노래 14 **별들의 축제 : 별들**

밤이 되면 하늘은 반짝이지 별들의 빛으로
매일 밤하늘에 떠올라 빛을 보내는 별들의 축제
세상 바라보며 사랑하는 사람 그리며 빛나는 별들의 축제
사랑으로 따스함으로 비추는 별들의 축제

간주 진행되는 동안 온갖 종류의 빛의 쇼가 진행된다.

밤이 되면 하늘은 반짝이지 별들의 빛으로
매일 밤하늘에 떠올라 빛을 보내는 별들의 축제
세상 바라보며 사랑하는 사람 그리며 빛나는 별들의 축제
사랑으로 따스함으로 비추는 별들의 축제

춤이 정리되며

밤하늘 가득 퍼져 여러 색깔로 가득 찬
우리는 어두운 밤하늘 빛나는 별들

축제 끝나고 무대에는 두 장면이 동시에 보이고 있다. 하나는 남편이 회사에서 열심히 일하는 모습, 다른 하나는 부인과 아이들이 집에서 지내는 모습, 그 중 다투는 모습도 보인다. 남편이 죽기 직전의 상황이 될 것이다. 이 두 상황이 동시에 무대에 나타난다. 노래는 분창이나 합창으로. 아래 노래 진행되는 사이 가족들은 퇴장하고 무대는 정리된다.

노래15 행복이란 : 별들
행복이란 무엇일까 인간에게 행복이란
부모님의 사랑으로 태어나 그 사랑 속에 성장해
자신만의 사랑 찾아 새로운 가족 만들고
서로 얼굴 바라보며 자신 만의 색깔로 인생 칠하는 것
행복이란 무엇일까 인간에게 행복이란
지키려 애쓰는 것 자신에게 소중한 것
키워가려 애쓰는 것 자신에게 가치 있는 것
자신에게 소중한 것 자신에게 소중한 것
수많은 사람들 수 없이 많은 얘기했지
행복에 대해 인간의 행복에 대해
행복이란 간단하지 웃을 수 있다는 것
기쁠 수 있다는 것 만족할 수 있다는 것
이런 게 행복이야

무대 상황 정리되며 남편 앞으로 나서며

노래16 **생각해 본다 : 남편**

생각해 본다 지나간 시간들

앞만 보며 미래를 향해 달려왔던 나

내 잘못 무얼까 왜 여기 이렇게 떠 있어야 하나

나의 삶 부끄럽지 않게 살았던 날들

나의 삶 최선을 다하며 살았던 날들

아무런 가치 없이 사라진 날들

기억도 흔적도 아무 의미 없는 날들

난 무얼 위해 그토록 열심히 살았나 난 죽기 위해 살았나

신이시여 신이시여 나를 돌아가게 하소서

사랑하는 이들에게로

신이시여 신이시여 내게 다시 한 번 기회를 주소서

내 행복 막지 마소서

잠깐의 오열, 그러나 곧 분위기 바꾸며 돌아가겠다는 열의를 가지고

기다려줘 사랑하는 내 가족 기다려줘 난 돌아갈 테니

난 돌아 갈 거야 난 돌아 갈 거야 사랑하는 당신들 곁으로

모든 준비가 돼 있어 우리가 행복해 질 수 있도록

믿어도 돼 우리는 준비돼 있으니까

내가 돌아가게 된 때 나는 외칠 거야 우리는 행복할 수 있다고

돌아갈게 곧 돌아갈게 사랑하는 당신들 품으로

난 돌아갈 거야 난 돌아갈 거야

조금만 기다려줘 난 돌아갈 거야

남편별이 열심히 하늘에서 비추고 있을 때, 아내, 가족사진을 들고 등장. 남편, 반갑게 달려간다.

노래17 여기에 있어요 : 아내 & 남편

아내)

여기에 있어요 당신이 이 바랜 사진 속에

웃고 있어요 당신은 이 오래된 사진 속에

언제 찍은 사진인가 기억도 나지 않지만

행복했던 때가 있었나 봐요 우리도 한때

나를 아프게 해요 사진 속 당신의 미소가

나를 슬프게 해요 당신이 여기에 없다는 사실이

모르겠어요 나는 정말 모르겠어요

너무나 갑작스런 일이라 똑바로 생각을 할 수 없어요

아무 것도 느껴지지 않아요 그냥 슬픔 밖에는

어떻게 해야 할지 모르겠어요 생각도 못하겠어요

아무 것도 모르겠어요 생각조차 할 수 없어요

무서워요 이 삶을 어떻게 혼자 살아야 할지

확실한 건 한 가지 확실한 건

더 이상 당신은 없다는 것 이 세상에 우리만 남아 있다는 것

무얼 해야 할지 모르고 아직 제대로 다 크지도 않은

한 여자와 두 아이들, 당신 부인과 자식들

모르겠어요 무얼 어떻게 할지

남편)

미안해 미안해 나를 용서해줘 내가 원한 일이 아니야

당신도 알잖아 내가 원했던 것

당신도 알잖아 내가 열심히 일한 이유

당신도 알잖아 준비가 다 됐었다는 걸 기다려줘

남편 / 아내)

기다려줘 // 원망해요 당신 원망해요

곧 돌아갈게 // 당신 의도가 아닐지라도

남편)

미안해 나를 용서해줘 이 말밖에는 할 말이 없어

아내 / 남편)

어떻게 할지 말을 해줘요 // 미안해

우린 어떻게 할지 말을 해봐요 // 용서해줘

아무 것도 없이 이 험한 세상에 우리만 남겨졌어요 // 미안해

이 긴 삶에서 무얼 할 지 모르겠어요 // 용서해줘

나 혼자 잘 할 수 있는 자신이 없어요 // 미안해

난 살아갈 자신이 없어요 // 미안해

날 도와줘요 조금이라도 날 도와줘요 // 날 용서해

난 정말 자신이 없어요 어떻게 살아야 할지 // 미안해

모르겠어요 당신이 필요해요 // 미안해

부인 오열한다.

남편 가나다라마바사아자차카타파하 …… (아내에게 다가가 열심히 말을 하지만 삶과 죽음은 서로 통하지 않는다. 이 남편 대사는 삶과 죽음이 소통하지 않는다는 것을 의미한다. 따라서 연출의 해석에 따라 이 대사는 다른 것으로 바뀔 수도 있다. 예를 들면 성경의 한 부분과 같이. 또한 남편의 대사는 마치 무슨 주문이라도 암송하듯 아내의 대사가 말해지는 동안 동시에 말해질 수도 있다.)

아내 생각할수록 화가 나요. 당신이 우리에게 해 준 게 뭐가 있나요? 그래요. 당신이 당신 혼자를 위해서가 아니라 가족을 위해서 일했다는 것 알아요. 하지만 당신의 의도가 아무리 좋았더라도 당신은 거짓말쟁이일 뿐이에요. 당신은 약속조차 지킬 수 없어요. 이게 결과에요. 게다가 당신은 아이들이 커가는 그 중요한 순간에 밥이라도 같이 먹고 같이 얘기하고 여행하는 정말 자연스럽고 단순한 일도 함께 하지 못했어요. 우리에게 뭔가 뚜렷한 기억조차 남겨놓지 못했어요. 행복한 기억이라도 많이 남겼다면 이런 저런 추억 속에 과거라도 더듬으며 슬프지만 행복해질 수도 있겠죠. 그래요. 그게 바로 기억이에요. 그게 우리가 간직하고 때로 꺼내보기도 하고 우리를 슬프게도 하지만 동시에 과거 속에서 행복하게 해주는, 우리를 치료해주는 거예요. 그게 기억이에요. 당신은 우리에게 충분한 기억을 남기지 못했어요. 그래요. 당신이 남긴 일이 하나 있기는 하죠. 당신이 그렇게 가족에게 무관심하면서 회사 프로젝트에 매달린 덕에 회사에서 우리 가족에게 경제적으로 신경을 써주겠다네요. 당신 프로젝트가 아주 좋았나 보죠? 그래요. 고마워요. 죽으면서까지 이렇게 큰 행복을 남겨 주어서. 그런데 그렇게 당신이 능력이 있으면 뭐해요. 이제 나와 아이들만 살아야 하는데. 우린 어떻게 해요? 갑자기. 우리 아이들 어떻게 해요? 나 혼자 어떻게 키워요? 어떻게? 당신 정말 미워요.

아내 아무 것도 느끼지 못하고 울며 퇴장하고 실망에 가득 찬 남편.

노래18 **신이시여 : 남편별**

신이시여 신이시여 나에게 생명 준 신이시여

신이시여 신이시여 내 생명 걷어간 신이시여

당신 마음이겠죠 생명 주는 것도 걷어가는 것도

당신 마음이겠죠 내 삶에 대해 무엇을 하든

당신이 따뜻한 신이라면 당신에게 아량이 있다면

왜 내 생명 거두지 않았나요 다른 시간 다른 때에

당신의 결정만이 가치 있나요 내 삶은 가치 없나요

당신이 준 삶이에요 다른 누구도 아닌 바로 당신이 준 삶

신이시여 신이시여 나에게 사랑을 보여 주세요.

날 돌아가게 해 주세요 가족들과 약속 지킬 수 있게 해 주세요

난 돌아가야 해요 아내를 위로하고 아이들을 위로하러

당신 사랑 보여주세요 당신 사랑이 필요해요

신이시여 신이시여

노래 끝나고 남편 오열할 때 할아버지별 다가온다.

할아버지별 너무 그렇게 괴로워하지 말게나. 시간이 지나면 차츰 해결
될 테니까.

남편별   아닙니다. 저는 너무 억울합니다. 저는 남에게 아무런 피해도 주지 않고 정말 이 몸이 부서져라 열심히 일만하며 살았습니다. 열심히 살면서 이제야 행복하게 살 수 있는 준비가 됐다고 생각했는데. 이제야.

할아버지별   누구나 다 그렇게 아쉬워하지. 남겨두고 온 사람들이 그립고 자신이 마무리 짓지 못한 일들이 아쉽지. 그렇지만 조금만 참게나. 그러면 괜찮아질 테니까. 조금만 참아 보도록 하게나.

남편별   뭐 방법이 없을까요? 다만 잠깐만이라도 저들과 이야기할 수 없을까요?

할아버지별   글쎄 그게 과연 좋은 생각일까? 무슨 얘기를 할 텐가?

남편별   무슨 얘기요? 무슨 이야기든지요. 나는 너희들을 사랑한다. 나는 열심히 살았다. 이제 준비는 다 됐다. 아빠가 열심히 해서 잘 살 준비가 다 됐다. 곧 돌아갈 테니까 기다려라. 그리고 우리는 아니 너희는.

할아버지별   너희는?

남편별   너희는.

할아버지별   그래. 삶과 죽음은 함께 할 수 없으니까. 삶에 더 이상 자네의 자리는 없으니까.

남편별   아니에요. 분명 뭔가 할 얘기가 있을 거예요.

할아버지별   삶과 죽음은 함께 할 수 없네. 게다가 죽을 날을 알면서 산다는 걸 생각해 본 적 있나?

남편별   그래도.

할아버지별   그렇게 원한다면 갔다 올 수도 있네. 물론 일시적이지만.

남편별 정말요? 어떻게요? 어떻게 갔다 올 수 있어요?

할아버지별 몇 가지 조건이 있어. 우선 자네가 죽기 전 30일 이내로만 돌아갈 수 있네. 그러니까 잘 생각해서 돌아갈 날을 정하고 가 있는 동안 하고 싶은 얘기를 잘 준비해야겠지. 물론 죽은 날 다시 죽게 될 것이고.

남편별 제가 언제 죽는다고 말해도 되나요?

할아버지별 물론. 어떤 말이라도 할 수 있지. 자네가 죽었다고 말할 수도 있지. 하지만 그런 말은 하지 않는 것이 좋을 걸세. 오히려 자네만 이상한 사람으로 비추어질 테니까. 그리고 반드시 기억할 것은 무엇을 하더라도 반드시 죽은 날 죽게 되니까 죽음을 피하려 애쓸 필요는 없다는 것이네.

남편별 좋아요. 어떻게 되든 좋아요. 내가 하고 싶은 얘기만 할 수 있으면 되니까.

할아버지별 그리고 세 번째 규칙도 있는데, 만일 두 번째로 돌아가려 한다면 ······.

남편별 상관없어요. 왜냐하면 두 번째는 없을 테니까. 저는 돌아와서 밝아질 거예요. 그리고 곧 돌아갈 테니까. 완전히!

노래19 나는 돌아갈 거야 : 남편

나는 돌아갈 거야 내가 살던 저 곳으로
꼭 말해야 할 게 있어 그들에게 알려야 해
어느 날로 돌아가야 하나? 기념할 만한 날로?
가장 축복받고 행복했던 날로?

내가 얼마나 아이들과 아내를 사랑했는지 말한 날로
어떤 날로 돌아가야 할까 너무 말할 것이 많은데
그들이 세상 그 어떤 성공보다도 더 소중하다고 말하러
아내가 얼마나 내 삶을 축복과 사랑으로 그렸는지 말하러
아이들이 얼마나 내게 사랑이 무엇인지를
알려주었는지 말하러
가까운 시간으로 돌아가자 가까운 시간으로
내 애길 할 수 있는, 내 죽음을 말하고 인사할 수 있는 날로

하늘이 돌고 땅이 돌아 남편은 다시 돌아간다. 어떤 휴일 하루. 아내가 나타난다.

남편 (달려가 아내를 안으며) 여보.

아내 (깜짝 놀라) 아니, 왜 이래요?

남편 미안해. 미안해.

아내 아니. 뭐가 미안해요?

남편 내가 죽지 않았으면 당신에게 그런 마음 고생시키지 않았을 텐데.

아내 뭐라구요?

남편 미안해. 정말 미안해.

아내 아니 당신 왜 이래요? 당신이 죽다니? 그게 무슨 얘기에요.

남편 나 며칠 후에 죽어. 하지만 곧 다시 열심히 빛을 내서 살아 돌아
올 거야. 그래서 당신에게 이 얘기하러 잠시 돌아온 거야.

아내 ······.

남편 정말이야. 내가 죽더라도 회사에서 경제적인 것은 책임져 줄 거야.

아내 그래 말은 고마운데 ……. 혹시 프로젝트가 잘못됐어요?

남편 여보, 정말이야. 날 믿어줘. 나 사실 죽어서 별이 됐다가 잠깐 돌아온 거라니까. 당신에게 그리고 가족들에게 이 사실을 알리고 준비하라고 말하고 싶어서. 애들은 어딨어? 애들은?

아내 저기 여보 ……

남편 내 말이 안 믿기겠지만 믿어야 해. 애들은 어디 있냐고?

아내 애들은 자고 있어요. 그런데 프로젝트는 잘 돼가요? 설사 잘 되지 않더라도 죽음을 생각해서는 안 돼요.

남편 당신 지금 내 말 안 믿는 거지? 믿어야 한다니까.

아내 그래요. 그런데 정말 아프지 않아요? 혹시 열이라도 ……

남편 아니야. 믿기 어렵겠지만 날 믿어야 해. 내 말을 믿어야 해.

아내 알았어요. 알았다고요. 일단 오늘은 출근하지 말고 좀 쉬는 게 어때요?

남편 그래. 출근하지 않을 거야. 내가 죽는 날까지 아무 데도 가지 않을 거야. 날 믿지? 날 믿어야 해.

아내 저기 여보 …….

남편 그리고 애들은?

아내 애들은 잔다니까요. 토요일이라 늦게 까지 자도록 하잖아요.

남편 애들 좀 깨워줘. 얼른.

아내 저기 여보 ……

남편 애들에게도 얘기를 해야 해. 걔들도 알고 있어야 해.

아내 저기 여보 ……. (슬슬 두렵다.)

남편 빨리 애들 좀 깨워줘.

아내 아니 깨우는 게 문제가 아니라⋯⋯. 당신 정말 아무 문제 없어요? 혹시 프로젝트가 잘못 됐나요?

남편 아니야. 그런게 아니라니까. 왜 내 말을 못 믿어? 나는 죽었다가 임시로 돌아온 거라고. 곧 교통사고로 죽는단 말이야.

아내 여보.

남편 믿어야 해. 내가 죽는다는 걸. 그리고 내가 열심히 빛을 비추면 다시 돌아올 수 있어. 난 곧 돌아올 거야.

아내 여보. 이제 그런 얘기 그만해요. 무슨 일이 있더라도 죽음을 생각해서는 안 돼요. 우리는 아직 젊잖아요. 그리고 우리만 바라보는 아이들도 있구요.

남편 당신 내 말을 안 믿는 거지?

아내 믿고 안 믿고가 아니라 애들을 봐서라도 죽음을 생각해서는 안 된다고요.

남편 여보!

아내 여보.

남편 알았어. 우선 애들부터 좀 깨워줘.

아내 여보.

남편 알았으니까 애들 좀 깨워줘. 애들에게 얘기할 게 있어.

아내 저기 여보. 애들이 지금 자고 있어서⋯⋯.

남편 내가 미친 것 같지. 그렇지만 난 미치지 않았어. 난 단지 죽어서 별이 됐다가 돌아왔을 뿐이라니까. 그리고 곧 다시 완전히 돌아올 거야. 난 아무렇지도 않다고.

아내 글쎄 그건 알겠는데요. 그래도⋯⋯

남편   얼른 아이들 깨워줘.

아내   알았어요. 알았어요. 깨울게요. 여기에서 잠깐만 기다리세요.

아내 서둘러 퇴장하고 남편 혼자 서성인다.

남편   말해야 해. 내가 모두를 사랑한다는 걸, 내가 얼마나 가족을 아끼고 있는지를 꼭 알려야 해. 내가 죽더라도 그건 억울한 것이고 나는 우리가 행복할 수 있는 모든 준비를 다 해 놓았었다는 걸. 그리고 내가 곧 다시 돌아올 것이라고, 기다리라고, 말해야 해. 말해야 해. 내가 얼마나 노력했는지 모두에게 얘기해야 해. 하지만 …… 믿지 않는다면 ……

아이들과 아내 등장.

아내   저기 여보 …….

남편, 아이들을 보자 아무 말도 하지 못한다. 그냥 눈물만 솟구친다.

남편   (모두를 끌어안고) 혹시 …… 혹시 …… 곧 아빠에게 무슨 일이 생기더라도 꼭 알아야 한다. 아빠가 너희를 얼마나 사랑하는지. 꼭 알아둬라. 아빠는 너희를 정말 사랑해.

아들 / 딸   아빠, 아빠 왜 이래? 아빠 어디 가? 왜 울어?

아내   여보. 무슨 일이에요. 아니, 왜 그래요? 도대체.

남편 아니야. 아무 일도 아니야. 아무 일도 아니야. 그냥 아빠가 너희를 얼마나 사랑하는지 말하고 싶을 뿐이야. 알았지? 아빠는 너희를 사랑한다. 정말 사랑한다.

아들 / 딸 (울며) 아빠, 가지 마. 아빠.

남편 아니야. 아니야. 아빠는 아무 데도 안가. 그러니까 걱정하지 말아.

아들 / 딸 아빠. 아빠. 가지 마 아빠.

아내 애들아, 아빠 아무 데도 안가. 얼른 들어가. 엄마도 금방 들어갈게.

남편 혹시 말이야, 혹시라도 아빠가 없더라도, 아빠가 없어지더라도, 아빠는 너희를 사랑해. 아빠는 우리가 함께 잘 살기 위해 노력을 다했어. 잊지 말아라. 아빠를. 아빠가 너희를 얼마나 사랑하는지 꼭 기억해둬.

아들 / 딸 아빠. 아빠. 가지마. 아빠.

아내 이이가 정말. (아이들에게) 애들아, 얼른 들어가 있어. 엄마 금방 들어갈게.

아이들을 들여보내고

아내 아니. 무슨 일이에요. 당신? 도대체 무슨 일이에요. 일이 잘못됐죠. 프로젝트가 잘못됐죠. 그래서 죽기라도 하려는 거예요? 그래요? 그깟 일로 죽겠다구요?

남편 아니야. 아니야. 그게 아니야.

아내 아니면? 아니면 뭔데요? 도대체 어딜 간다는 거예요? 도대체 오늘 아침에 왜 이래요? 속 시원하게 말을 해봐요.

남편 아니, 혹시라도 내가 교통사고로 죽는 한이 있어도…….

아내 그만, 그만. 그런 끔찍한 얘긴 듣고 싶지 않아요. 그렇게 죽고 싶어요? 그깟 프로젝트 때문에? 그래서 당신한테 나가래요?

남편 아니야. 그게 아니라고.

아내 아니면 뭔데요. 도대체 오늘 아침에 왜 이러는데요.

남편 그러니까 며칠 후에 내가 죽더라도……

아내 여보. 제발. 제발. 그런 얘기 그만해요. 너무 끔찍한 얘기잖아요. 그래 당신이 죽으면 우린 어떻게 하라구요? 생각을 해봐요. 나 혼자 남아서 재들 어떻게 키워요? 돈은 어떻게 하구? 일이 잘못돼서 당신이 옷 벗어야 한다면 나와서 다른 일을 찾아야죠. 당신 능력 있잖아요. 직장 옮겨서도 얼마든지 잘 할 수 있잖아요. 그깟 일 하나 잘못 됐다고 죽을 생각을 하면 어떻게 하냐구요? 그런 생각은 하지도 말아요. 제발.

남편 그런 게 아니라니까. 내가 죽는다고.

아내 여보. 제발. 제발. 가족을 생각해요. 아니 애들을 생각해봐요. 재들을 생각하면 당신이 그런 선택을 하면 안 돼요. 제발 여보 부탁해요. 여보.

남편 알았어. 알았어. 미안해. 들어가. 들어가. 나 갔다 올게.

아내 여보……

남편 퇴장하고 아내도 그를 따라 퇴장한다. 무대 돌아가고 잠시 후 남편 다시 등장.

노래 20 **그들은 믿을 수 없었다 : 남편**
그들은 믿을 수 없었다 나는 확신을 줄 수 없었다

그들에게 내가 죽을 것이라는 것을, 내 마지막 작별을

아이들의 눈을 보았을 때, 그 속에서 나는

그들에게 남길 슬픔과 불행을 볼 수 있었다

아내를 껴안았을 때

슬픔과 고통을 껴안는 것 같았다

내가 원했던 것은 단지 얼마나 사랑하는지 말하는 것

내게 필요했던 것은 그들이 준비할 수 있도록 하는 것

이제 내 삶은 그들로부터 멀리에 떨어져 있다 너무도

그들을 믿게 할 수 없었다

그들을 설득할 수 없었다

죽음은 도둑이다 죽음은 강도다

우리의 소중한 삶을 갑작스레 강탈해 간다

죽음은 도둑 죽음은 강도

노래 진행되며 무대 돌아 다시 별들이 있는 하늘.

할아버지별 그러게 내가 뭐라고 했나? 가봤자 후회만 더 할 것이라고
하지 않았나?

남편 신은 심술쟁이가 분명해요. 사람들의 행복을 바라지 않는 게 분
명해요. 그는 인간들에게 생명을 주고 자기가 원하는 순간에 아무런
망설임도 없이 빼앗아가죠. 얼마나 많은 사람들이 그의 행동에 가슴
아파하고 되돌릴 수 없는 삶에 좌절하는지 과연 그는 알까요? 죽은 사
람들이 무얼 느끼고 살아있는 사람들이 무얼 생각하는지 신은 알까

요? 인간을 만든 이후 오늘까지 수많은 사람을 만들고 중요한 순간에 목숨을 거두어 오고 그리고 그로 인해 슬퍼하는 가족들과 하늘에 떠서 빛나야 하는 죽은 사람의 슬픔에 박수치며 즐거워하죠. 신은 정신병자예요. 신은 미쳤어요. 나는 신을 미워할 거예요.

노래21 신이 존재하나? : 남편

인간을 만들었나 당신이 왜?

인간을 살리고 죽이나 당신이 왜?

이유는 무언가 생명을 주고 거두는

즐기는 것은 무언가 당신이 즐기는

고통 받는 인간의 모습 눈물짓는 인간의 모습

울부짖는 인간의 모습 그것이 당신의 기쁨인가

슬픔으로 무너지고 고통으로 좌절하고

아픔으로 부서지고 고통으로 갈가리 찢기는

그것이 당신의 즐거움 당신의 기쁨인가

무얼 증명하려는 건가 무얼 보여주려는 건가

당신의 권위 당신의 힘 당신의 전지전능

왜 당신은 항상 인간을 시험하나? 당신의 창조물인 인간을

당신은 스스로 만든 것에 대한 믿음도 없나

당신이 인간을 믿을 수 없다면 누가 인간을 믿을 건가

당신의 사랑을 보여달라 우리를 그만 시험해라

당신의 자비를 보여달라

우리를 고통에 빠트리는 일은 그만해라

당신은 누구인가 당신은 누구인가

마귀인가 악마인가

끊임없이 선을 강조하지 당신은 우리에게

당신은 선하지 않아 당신은 선하지 않아

끊임없이 사랑을 강조하지 당신은 우리에게

당신에게는 사랑이 없어 당신은 사랑이 무언지 몰라

당신은 자신이 만든 인간조차 사랑하지 않아

당신은 아무 것도 없어

나는 거부할 거야 당신을 내 신으로 인정하는 것을

나는 거부할 거야 당신이 준 운명을

당신은 정신병자 심술 많고 남들 고통 줄기는

정신병자 정신병자 이것이 당신의 이름

남편 표현할 수 있는 온갖 분노와 절망과 고통을 표현하며 절규한다. 여기에
안무 혹은 기타 뭔가 남편의 고통과 분노를 표현할 수 있는 어떤 장치가 함께
개입하면 좋겠다. 이후 남편 한 순간 주저앉으며 완전히 무너져서

당신에게 그래도 남아있다면

약간의 사랑이라도 당신에게 남아있다면

신이시여 신이시여 나를 돌아가게 하소서

제발 제발 제발 제발

암전.

#5 — 남편의 선택

조명 인되면 다시 별들의 노래.

노래22 그리움 : 별들

그리움 그리움 그리움 별들이 저리도 빛나는 이유

그리움 그리움 그리움 별들이 화려하게 반짝이는 이유

아름답게 반짝이는 수많은 저 별들

저들의 사연은 무얼까 무슨 그리움으로 저토록 빛날까

그리움 그리움 그리움 별들이 빛나는 이유

그리움 그리움 그리움 별들이 반짝이는 이유

별들이 빛나네 저 깊고 먼 밤하늘에서

아름답게 반짝이네 화려하게 빛을 내며

저 높은 곳에서 그리움 태우는 별들

저 먼 곳에서 사랑하는 이들 바라보는 별들

누구를 그리워할까 누구를 보고 싶어 할까

우리들 살아가며 접하는 너무도 많은 삶과 죽음의 길

매일 매 순간 우리들 곁을 떠나는 수많은 사람들

그들 모두 누군가를 그리며 빛난다

그리움 그리움 그리움 별들이 빛나는 이유

그리움 그리움 그리움 별들이 반짝이는 이유

밤하늘 높은 곳에서 빛나는 저 아름다운 별

음악 끝났을 때 무대는 다시 하늘이 되어 빛나고 아내 울며 뛰쳐나온다. 남편 다가간다.

아내 견딜 수 없어요. 정말 견딜 수 없어요. 오늘 당신 친구들이 왔어요. 그렇게 당신과 친하게 지내던 당신 친구들이. 그리고 당신 직장 동료들도 왔어요. 모두 당신이 좋은 친구였다고, 당신의 프로젝트가 정말 훌륭했다고 아쉬워했어요. 그리고 당신에 대한 좋은 기억들이 그립다고 했어요. 정말? 그럼 당신은 우리에게, 당신 가족에게 무슨 기억을 남겼죠? 단지 몇몇 기억? 충분치 않아요! 기억은, 행복했던 기억은 우리에게 슬픔을 극복하도록 돕는 힘의 원천이에요. 기억들은 행복했던 그 순간을 다시 살려주니까.

노래23 보고 있다면 : 아내 & 남편별
보고 있다면 혹시 당신이 보고 있다면
얘기해줘요 어떻게 해야 하는지
보고 있다면 나를 보고 있다면
나타나 줘요 당신이 필요한 지금 이 순간
말해 봐요 당신이 남긴 건 무언지
당신이 얼마나 좋은 사람이었는지
변명을 해 봐요 핑계를 대 봐요
당신이 좋은 남편이었다고

아내 그래요. 당신은 없으니까, 알 수 없겠죠. 내가 뭘 어떻게 느끼는지. 당신 사진을 보는데 당신이 갑자기 낯설게 느껴지는 거예요. 이 사람이 내 남편이었나? 왜 이렇게 멀게 느껴지지? 이유가 어떻게 됐든 나는 나대로 아이들과 치이며 살고 당신은 당신대로 승진하려고 애썼으니까, 그동안 우리가 함께 했던 삶은 없었던 거죠. 그래요. 갑자기 울고 싶어지는 거예요. 그런데 울음이 잘 안 나와요.

> 기억이 있다면 과거를 떠올릴 수 있을 거예요
> 그것을 잡고 말도 하고 싸우기도 하고 기대기도 할 거예요
> 시간들을 생각할 수 있어요 우리가 함께 했던
> 장소들도 생각할 수 있어요 우리가 함께 있었던
> 무엇이든 할 수 있어요 내 기억이 실제 당신인 듯
> 마치 살아있는 사람과 대화하듯
> 내 기억과 얘기할 수 있어요
> 기억은 내게 슬픔도 주지만
> 같이 했던 행복한 순간도 함께 주니까요
> 기억은 과거를 정리하고 미래를 준비하도록 해주니까요

아내 그런데 잘 생각이 나지 않아요. 당신이 어떤 사람이었는지. 미안해요. 아마 당신에 관한 기억이 내 머리 속에서 너무 조각 나 있기 때문이겠죠. 그것들이 나를 괴롭혀요. 운전하다 보면 밥을 먹으려다 보면 침대에 누우면 출근 준비 하다 보면 뭔가 떠오를듯 떠오를 듯 떠오르지 않으면서

남편별)

미안해 미안해 미안해 미안해 나는 몰랐어

매일 밤 이 하늘에 이렇게 떠올라

밝아지려 애를 써 나는 매일 더

돌아가기 위해서 내 생각은 이것 뿐

아내)

당신은 항상 옆에 있지만 사실은 존재하지 않죠

큰 소리로 울고 싶어요 하지만 뭔가 부족해요

당신을 원망하고 싶어요 하지만 뭔가 부족해요

당신은 아나요 이 공허함, 이 허망함

당신의 존재는 거짓이죠

당신을 붙잡고 싶어요 당신과 얘기하고 싶어요

하지만

당신을 충분히 느끼기에는 뭔가 부족해요

당신에 관한 기억은 신기루와 같아서 어떻게 할 수 없어요

이런 형체 없고 근거 없는 허상과 싸우고 싶지 않아요

차라리 모든 흔적 지워줘요

제발 참을 수 있을 때까지 만이라도

내 주변 당신 흔적 모두 없애줘요

당신 흔적 모두

아내, 울면서 다시 퇴장. 남편 무너지며(다음 노래 진행되는 동안 치열하게
살아가는 직장인들의 모습 같은 것들이 보여지면 좋겠다. 필요하다면 가사에

따라 그들의 행동이 바뀔 수도 있겠고 …… 당연히 한 명이 아닌 여러 명의
정장 차림 직장인들이면 좋겠고, 이들이 다음 노래에서 안무까지를 담당하면
좋겠다.)

노래24 뒤 돌아본다 : 남편별

내 삶을 뒤 돌아본다 너무 짧지는 않았던 삶
언제나 미래의 행복을 향해 달렸었지 앞을 향해서만
처음 취직했을 때 빨리 승진할 것을 다짐했고
결혼 했을 때 다시 한 번 더 승진을 다짐했지
그것이 행복이라 믿으며
나는 할 수 있었고 또 했고 결국 성공했지
이것이 내 인생 미래를 향해 달렸던 인생
나는 오래 오래 내 인생을 준비했고 자부심을 느꼈었다
나에게 현재는 없었다 미래만이 있었다
내 인생은 완전히 멈춰 섰다 내가 완전히 준비됐을 때
왜 나는 그렇게 열심히 살았나 나는 행복했나
밥 한 끼 제대로 같이 하지 못하고
여행 한 번 함께 다녀오지도 못하고
주말에도 일하고 휴가 때에도 놀아주지 못하고
승진하려고 승진이 유일한 행복의 길이라고 생각하며
어느 날 이렇게 허무하게 죽어버린 억울한 나의 삶
준비됐었는데 행복하게 살 수 있었는데

남편 나는 내 아내 그리고 아들 딸을 사랑한다. 그리고 매일 밤 그들이 보고 싶어 이 하늘 높이 떠오른다. 하늘에서 밝게 빛나며 모든 것들을 비추려 애쓴다. 그러나 지금 이 순간, 나는 그들에게 슬픔을 주고 눈물을 준다. 내가 그들과 함께 했던 기억들이 그 많지 않은 기억들이 오히려 그들에게 슬픔을 주고 눈물을 준다.

　　나는 원해 나를 기억하기를
　　나는 원해 매일 밤 내 가족을 볼 수 있기를
　　그러나 그들에게
　　나를 기억하는 것은 슬픔이고 나를 기억하는 것은 눈물일 뿐
　　나는 슬픔 나는 눈물

남편 (감정이 점점 더 격해져 간다.) 억울해. 억울해, 억울해. 신이시여 왜 나만? 내 모든 친구들 동료들 내가 아는 모든 사람들은 모두 잘 살고 있어요. 왜 나만? 난 당신을 원망해요. 나는 아이들에게 제대로 기억도 나지 않는 아빠일지도 몰라요. 그런데 지금은 내가 존재했던 흔적들이 그들을 슬프게 하고 있어요. 단지 내가 그들과 조금이라도 더 시간을 보낼 수 있었더라면! 내가 그들에게 조금이라도 더 많은 행복한 기억을 남길 수 있었더라면! 그러나 당신은 내게 어떤 기회도 주지 않았어요. 내 삶에 대해 아무런 고민도 하지 않았어요. 어떻게 나를 이렇게 취급할 수 있나요? 내 삶은 바로, 다른 누구도 아닌, 당신이 준 것이에요. 당신은 당신 소유물에 대해서조차 사랑이 없나요? (울며 소리치며) 당신은 나를 돌려보낼 건가요? 내가 충실하게 비추고 밝아진

다면 나를 저들에게 돌려보낼 건가요? 그러나 믿을 수 없어요. 당신에 겐 사랑이 없으니까. 저들과 내가 사랑으로 어떻게 연결돼 있는지 당신은 알지 못하니까.

노래 25 **당신에겐 사랑이 없어 : 남편별**

당신에겐 사랑이 없어 당신에겐 사랑이 없어

생명을 주고 거두어 가고 심판하고 벌을 주고

당신은 무엇이든 해 당신이 원하는 모든 것을

아무 것도 생각하지 않아 인간에 대해서는

아무 것도 느끼지 않아 인간이 느끼는 것에 대해서는

당신에겐 사랑이 없어 당신은 사랑이 뭔지 몰라

당신은 사랑이 무언지 알아야만 해

당신이 인간을 만들었으니까

어떻게 사랑을 가지지 않을 수 있나

당신이 아닌가? 당신이 인간을 창조하지 않았나

대답해. 왜 아무런 대답도 하지 않는 거야

내가 만일 당신에게 속하지 않는다면 당신을 원망하지 않겠어

내가 당신 것이 아니라면 당신을 원망하지 않겠어

대답해 대답해 제발

당신은 사랑이 없어 당신은 사랑이 없어

당신에겐 인간에 대한 사랑이 없어

남편별의 흥분 가라앉으면

할아버지별 (다가가서) 시간이 해결해 줄 걸세. 시간만이 유일한 해결책이지. 그리고 매일 밤 밝아지려 애쓰다 보면 언젠가는 돌아갈 수도 있고, 만일 돌아가지 못하더라도 다른 생명으로 태어나게 되겠지.

남편별 아니요. 안 되겠어요. 다시 돌아가야겠어요. 당장 가서 제가 살았던 흔적이라도 지워야겠어요. 차도 팔아 치우고 침대도 그리고 책상, 집 그리고

할아버지별 그렇게 하면 해결되겠나?

남편별 해결되겠죠. 나의 흔적이 없어지니까. 그리고 흔적이 없어지면 슬픔도 사라지겠죠.

할아버지별 글쎄. 그럼 나머지는? 보이지 않는 기억들?

남편별 모르겠어요. 정말 모르겠어요. 하지만 돌아가면 해결책을 찾을 수 있겠죠.

할아버지별 그렇게 쉽게 해결되는 일이 아니래도. 모든 것은 시간만이 해결해. 참아야만 하네.

남편별 하지만 나 때문에 내 가족들이 슬퍼하고 눈물 흘리고 있어요. 나 때문에, 바로 나 때문에. 다시 돌아가야 해요. 가서 어떻게든 해결해야 해요.

할아버지별 글쎄. 좋은 방법이 아닐세. 돌아갈 수는 있는데, 우선 돌아가더라도 이미 경험한 것처럼 자네만 괜히 미친 사람 소릴 듣게 될 거야.

남편별 하지만 진심을 다해 말하면 믿어주지 않을까요?

할아버지별 그럴 수도 있겠지. 하지만 자네는 결국 죽어야 하고 그건 가족에게 이중의 슬픔을 남기는 게 아닐까? 그리고 누구도 기억을 지울 수는 없다는 것은 얘기하지 않아도 잘 알 테고.

남편별   하지만 잘 얘기해서 준비하도록 한다면?

할아버지별   그렇게 돌아가고 싶나?

남편별   저는 돌아가야 합니다.

할아버지별   마지막 더 큰 문제가 있네. 자네가 듣기를 거부했던 세 번째 규칙이지. 그건, 자네의 존재가 영원히 사라지게 된다는 거네. 세상에 돌아가면 더 이상 다시 별이 돼서 돌아올 수 없게 돼. 즉 윤회로부터 빠지게 되고, 별똥별로 폭발해 사라질 거야. 자네의 존재는 영원히 없어진다는 것이지.

남편별   예? 아니 무슨 그런.

할아버지별   그러니까 천천히 기다리라는 거야. 물론 자네의 현재 삶도 중요하지. 더구나 그렇게 모든게 준비된 순간에 죽게됐으니까 얼마나 가슴이 아프겠나. 나도 이해하네. 하지만 자네에게는 영원히 지속되어야 할 또 다른 삶이 있네. 그걸 포기할 생각은 하지 않는 것이 좋겠지.

노래26 **돌아갈 수 없다 : 남편별**
더 이상 돌아갈 수 없다 내 영원한 삶이 위협받기 때문에
이 땅에 태어났다 나는 새로운 생명으로
언제나 최선을 다했다 나의 이 값진 인생에서
결혼하고 가족을 가질 수 있었다 내 아내 아이들
가족을 생각하며 무엇이든 할 수 있었다
그러나 차 사고를 피할 수 없었고 나는 죽게 되었다
이 밤하늘 별이 되었다 이 깊고 푸른 밤하늘

이제 내 흔적들은 내 가족을 슬프게 한다

그러나 나는 돌아갈 수 없다 내 존재가 사라지기 때문에

여인별 시간이 해결할 거예요. 저도 처음에는 견딜 수 없었어요. 너무
나 슬펐어요. 하지만 시간이 지나고 차츰 무뎌지면 충분히 견딜 수 있
어요. 이것도 하나의 습관이니까요.

할아버지별 그러게 말이야. 차라리 이 순간을 다음 생을 준비하는 하
나의 준비과정이라고 생각하게.

남편별 그렇게 생각하고 싶어요. 시간이 해결하겠죠. 하지만, 그러기
에는 가족들에게 너무 미안해요. 내가 너무 부족하게 느껴지거든요.

할아버지별 그런 생각할 필요는 없지. 이미 모든 것은 다 끝났으니까.
그냥 현재에 충실하면 되는 거야.

여인별 그래요. 다시 간다는 생각은 하지 말고 열심히 빛을 내면서 다
음 생을 기대하세요. 그게 지금 우리가 하는 일이니까.

남편별 맞아요. 그래요. 하지만

노래27 길이 있다면 : 남편 & 별들

남편)

길이 있다면 단 하나의 길이라도 있다면 나는 돌아가겠다

무엇이 됐든 내가 할 수 있는 것이 있다면 나는 반드시 할 것이다

내가 원하는 건 그렇게 간단한 일

나에 관련된 모든 흔적을 지우는 것

이것이 내가 원하는 전부

하지만 방법을 모르겠다 이것이 지금 해결할 문제이다

별들)

그만해요 이제 생각을 거둬요

안 되는 일은 안 되는 것이고 포기할 일은 포기해야 해요

남편)

하지만 정말 포기해야 하나 정말 나는 아무 것도 할 수 없나

별들)

우리도 모두 해봤어요 하지만 누구도 성공하지 못했어요

남편 / 별들)

하지만 나는 포기하고 싶지 않아 // 위험한 생각이에요

뭔가 방법이 있을 거야 // 우리도 찾아보았어요

나는 여기에서 그만두고 싶지 않아 // 만족할 만한 결과를

얻을 수 없을 거예요

나는 여기에서 멈추고 싶지 않아 // 당신의 생명을 소중히

생각하세요

남편)

나는 지금 새로운 삶을 준비하는 과정에 있다

그러나 나의 현재 삶 아직 끝나지 않았고 소중하다

나는 단지 나와 내 가족이 마주한 문제를 해결하기를 원할 뿐이다

그러나 방법이 없다

나는 단지 애매한 슬픔만을 남기고

부족한 아버지로 가족들에게 남아 있어야 한다

그리고 이 밤하늘에서 비추고 있어야 한다

아무것도 하지 못하며 밤마다 슬픔과 무능을 느끼며
나는 그러고 싶지 않다 나는 해결하고 싶다
나는 그들에게 돌아가고 싶다
그러나 내가 뭘 할 수 있나
나는 매일 밤 가족들에게 슬픔만을 남기며 빛나야 하나
이것이 내 현재 삶의 끝인가
이렇게 무능력하게 빛나고 있어야 하는 것이

남편별　그래요. 그냥 포기하면 되겠죠. 이것이 현재 나에게 주어진 삶이라고 포기하면 되겠죠. 하지만 만일, 나의 다음 생에도 이런 일이 일어난다면, 그러면 나는 또 포기하고 그 다음 생을 위해 부족한 존재로 남아야 하나요? 또 다음 생에서도? 이것이 내 운명인가요? 나는 포기해야 하는 운명인가요?

할아버지별　차분히 노력하고 애쓰고 밝아지다 보면 돌아갈 기회가 없는 것도 아닌데, 굳이 극단적인 생각을 하는가?

남편별　극단적인 생각? 그럴 수도 있죠. 하지만 저에게는 중요한 문제입니다. 저는 부끄러운 존재로 남고 싶지 않고 또 더구나 포기하는 존재로 남고 싶지 않습니다. 아니, 만일 내게 주어진 운명이 포기하는 존재라면 차라리 내 존재를 포기하겠습니다.

할아버지별　그렇게 간단하게 생각할 일이 아닐세. 사람에게는 각각 운명이 있는 것이고 그 주어진 운명에 따라 살아야 하는 것이 우리 인간들에게 주어진 책임이겠지.

남편별　하지만 그 책임이 너무 부조리하면 거부할 수도 있는 것 아닐까요? 스스로 목숨을 끊는 사람들도 있는 것처럼.

할아버지별 너무 지나쳐. 너무 극단적이야. 그렇게 생각하다가는 결국 아무 소득 없이 자네를 파괴하고 말 걸세. 우리는 주어진 운명을 받아 살아가는 존재고 그건 바뀌지 않는 본질이야.

남편별 본질? 그것이 인간의 본질? 그래요. 그것이 우리에게 주어진 본질이죠. 주어진 대로 살아가야 한다. 신의 뜻이 바뀌지 않는 이상.

할아버지별 그렇지. 신은 우리에게 아무 것도 칠해지지 않은 깨끗한 삶을 주었어. 그리고 우리가 할 일은 그 삶을 채우는 일이지.

남편별 그렇죠. 맞아요. 신은 우리에게 깨끗한 삶을 주었어요. 그래요. 깨끗한 삶. 그리고 그것을 채우는 것은 바로 우리가 할 일이죠. 맞아요. 채우는 것은 신이 아니라 내가 할 일이에요. 나에게 달린 문제죠. 내가 원하는 색으로 칠할 수 있는 거죠. 그가 원하는 시간에 태어나고 죽지만, 살아있는 동안 칠하는 것은 바로 나죠.

할아버지별 무슨 생각을 하는 건가?

남편별 "구하라 그러면 얻을 것이요, 찾아라 그러면 보일 것이며, 두드려라 그러면 열릴 것이니라." 찾은 것 같아요. 해결책을 찾은 것 같아요. 부끄럽지 않은 남편과 아빠로 남을 수 있는 방법을.

노래 28 **나는 돌아가 : 남편별**

드디어 찾았다 해결책을 찾았다
세상에 돌아가 모든 흔적을 지운다고 한들
아무 것도 바뀌지 않는다
남아 있는 기억은 그대로 남아 있을 테니까

기억이 행복하다면 행복한 기억이 남을 것이고
기억이 슬프다면 슬픈 기억이 남을 것이다
나는 존재하는 기억을 행복으로 바꿀 수 없다
그러나 나는 새로운 기억을 창조할 수 있다
그렇다 새로운 기억을 창조할 수 있다
나만의 색깔로 나는 죽어가는 내 인생을 다시 칠할 것이다
슬퍼하지도 않고 내 죽어가는 삶에 고통 받지도 않으며
내 가족들에게 행복한 기억을 남기기 위해
나는 기꺼이 행복을 만드는 사람이 될 것이다

남편별 그래. 나는 내게 주어진 내 운명에 굴복하지 않을 거야. 중요한 것은 결국 내가 어떻게 그것을 받아들이는가에 달려있으니까. 유일한 방법은 나를 바꾸는 것이다. 그래. 나를 바꾸는 것. 나는 지금까지의 내 인생과는 완전히 다른 새로운 인생을 만들 것이다. 쉽고 단순한 일. 집에 일찍 돌아오고, 가족들과 많이 얘기하고, 함께 여행도 다니고. 나는 최대한 많은 시간을 그들을 위해 쓸 것이다. 그러면서 나는 그들이 나를 행복을 만드는 사람으로 기억하도록 만들 것이다. 그러면 내가 죽었을 때 그들이 나를 기억하는 것이 슬픔일지라도 행복한 기억이 그들과 함께 있을 것이고 그 기억들로 인해 그들은 치유받을 수 있을 것이다. 나는 행복을 만드는 사람이 될 것이다. 그리고 내 가족의 기억 속에 그렇게 남아있을 것이다.

나는 이제 돌아가 내 가족들에게

다시 태어나지 못해도 좋아 행복을 주는 사람이면 되니까

웃음으로 돌아갈 거야 행복으로 돌아갈 거야

그들이 나를 기억하는 것이 행복이 될 수 있도록

나는 이제 다시 돌아가 죽을 내 인생을 다시 살기 위해

사랑하는 가족에게 행복을 남기기 위해

무대가 돌아가며 남편별은 웃으면서 세상으로 다시 돌아간다.

#6 – 에필로그

조명이 서서히 바뀌어 가며 무대는 분리되어, 먼 하늘에는 염라대왕이 죽은 사람들을 여전히 심판해서 별을 만들거나 지옥으로 보내고 있고, 앞 무대에는 다시 세상으로 돌아온 남편별이 가족들과 행복한 시간을 보내고 있다. 많은 시각적인 이미지들로 그들의 행복한 순간을 보여 준다. 모든 장면이 끝나고 함께 텐트를 치며

부인 우리 다 같이 여행 온 것도 참 오랜만이다.

남편 당신과 함께 하지 못해 미안해. 앞으로는 당신이 행복해 질 수 있다면 뭐든 할게.

부인 정말? 그러면 당신 회사는? 당신 프로젝트는? 잘 돼 가고 있어?

남편 걱정하지 마. 내가 일주일 후에 본부장이 될 테니까. 확실해. 믿어도 돼.

부인 좋은 소식이네. 결정된 거야?

남편 아직, 하지만 확실해.

부인 정말 좋은 소식이다. 얘들아, 아빠가 승진하게 된다. 그러면 우리 좀 더 큰 집으로 이사도 가고 차도 바꾸자.

남편 당연한 얘기지. 당신이 언제부터 집과 차를 얘기했는데, 그게 일 순위야. 당신 원하는 대로 해.

아들 아빠 나는 새 폰 필요한데.

남편 이 아빠가 잘 알지. 내일 바꾸어 줄게. 언제?

아들 정말? 좋아.

딸   그럼 나는?

남편   아빠가 예쁜 옷 사줄까? 그리고 내일 아예 쇼핑을 나가자. 그래서 식사도 같이 하고 말이야.

딸   바로 그거야 아빠. 그게 바로 내가 원하던 거야.

남편   이 아빠가 잘 알지. 이 아빠는 언제나 너희들 곁에 있을 거야. 하지만, 만일, 그럴 리는 없지만, 만일 어느 날 이 아빠가 너희와 함께 할 수 없더라도 이 아빠가 얼마나 너희를 사랑하는지 알아주기를 바라. 이 아빠는 언제나 너희들 곁에 있을 거야. 만일 다른 삶을 살게 되더라도, 너희들과 관계를 맺으며 살 거야. 우리 가족과 함께 살 수 있다면 개라도 될 거야.

아이들   우리도 그래 아빠!

부인   당신의 가족 사랑이 그렇게 컸나? 좋아. 나도 맹세하지. 당신의 사랑이 얼마나 컸었는지 영원히 기억하겠다고.

남편   이제 우리 별이나 셀까?

모두 별을 세기 위해 텐트 앞에 눕는다.

부인   야, 정말 별들이 많다. 그리고 별들이 되게 밝아.

아들   맞아. 나도 이렇게 많은 별들 그리고 이렇게 밝은 별들을 전에 본적이 없어.

남편   혹시 아니? 별들이 죽은 사람들이라는 것?

딸   정말? 아빠는 어떻게 알아?

남편   어떻게 아냐 하면 (잠시 사이) 그러니까 그냥 알지. 그리고 별들이 밝은 이유도 사실은 별들이 밝아지면 가족들에게 돌아갈 수 있기 때문이래.

딸 아빠 말을 듣고 보니까 별들이 우리에게 손을 흔드는 것 같아.

아들 너도 그렇게 느끼니? 나도 그런데.

부인 엄마도 그렇다. 오늘밤 우리는 마치 별들과 얘기하고 있는 것 같구나.

남편 맞아. 별들이 우리에게 말하는 거야. 나도 그렇게 느끼거든. 별들이 죽은 사람들이라는 걸 잊지 말자. 모두 잘 자라. 내일 우리는 또 새로운 행복한 기억들을 더 많이 만들어 보자. 모두 굿나잇.

음악 시작되고 잠시 후 남편 일어난다. 하늘을 올려다본다. 그리고 손을 흔든다. 별들도 대답한다.

노래29 별들 : 올 캐스트

별들은 반짝입니다 저 먼 어두운 하늘에서
누구도 알지 못하는 저 먼 과거로부터 오늘 밤 지금 이 순간까지
세상 사람들의 기억 속에 살아가며
우리들에게 행복한 빛을 줍니다
별들은 그들만의 이야기를 가지고 있습니다
밤마다 우리에게 그들의 이야기를 털어 놓습니다
때로는 빗방울로 또 때로는 새벽 이슬로
어둡고 깊은 밤하늘 가득 채우고 있는 별들의 이야기

다음 별들의 대사는 그냥 단순하게 한 사람씩 차례대로 자기 대사를 하는 것이 아니라 일종의 사람 찾기가 될 수 있다. 별들은 자신이 사랑하는 사람을 찾고 부른다. 다소간 시끄러울 수 있으므로 조절해서 불러야 할 것이다. 이 대사들이 잠시 진행되고 곧 노래가 계속된다. 적어도 노래가 한 번 진행되는 동안에는 지속적으로 부르는 소리가 가끔씩 들렸으면 좋겠다. 그리고 노래가 반복될 때는 차츰 부르는 소리가 사라지기를 바란다. 이렇게 대사와 노래가 진행되는 동시에 별들의 영상이 극장 전체를 돌아다니면 좋겠다. 즉 무대상 별들의 얼굴들이 영상으로 극장 곳곳에 무대와 객석 구분 없이 움직이면 좋겠다.

별들 (관객들로부터 자신의 사랑하는 사람을 찾으며 한 마디씩) 어디에 있나요? / 오, 내 사랑! / 보고 싶어요? / 난 당신을 기억할게요.

하늘을 보세요 손을 뻗으세요
별들을 향해 당신 그리워하는
웃어 주세요 커다란 웃음을
당신이 보고 싶다 말하며
흔들어 주세요 당신 손을
행복한 기억을 가지고 있다 말하며
당신을 사랑한다 말하며
곧 돌아오라고 말하며

암전. 잠시 후 별똥별이 무대에 가득 퍼진다. 더불어 영상과 함께 노래 반복된다.

하늘을 보세요 손을 뻗으세요
별들을 향해 당신 그리워하는
웃어 주세요 커다란 웃음을
당신이 보고 싶다 말하며
흔들어 주세요 당신 손을
행복한 기억을 가지고 있다 말하며
당신을 사랑한다 말하며
곧 돌아오라고 말하며

암전. 끝.

뮤지컬

오늘

등장인물

김 대리

남 대리

코러스

김 대리를 제외한 모든 역할은 작품에 등장하는 이러저러한 역할들을 담당한다.

무대

김 대리가 살아가는 과정의 여러 곳

길거리

버스 안

사무실

카페

사장실

외 여러 곳

#1 – 일!

마임으로 시작되는 첫 장면. 배우들이 객석을 바라보며 일렬로 앉아 있다. 취업을 위한 면접이 진행 중이다. 보이지 않는 면접관이 질문을 한다. 이 장면에서 각 배우들의 대답은 한 줄로 끝나지 않는다. 첫 사람은 마지막 사람이 끝나고 모두가 말하는 것이 끝날 때까지 계속해서 얘기를 한다. 면접의 목적은 취업이기 때문에 모든 배우들이 취업을 반드시 하겠다는 의지를 가지고 적극적으로 이야기를 한다. 물론 각각의 개성이 있어야 한다. 면접관은 첫 번째 사람에게 한 줄 얘기 듣고 그가 얘기를 계속하는 사이 곧바로 다음 사람에게 질문한다. 각각의 배우들은 따라서 자신의 대사를 추가하여 말을 해야 한다.

면접관 취미가 뭔가요?

1 음악감상입니다.

면접관 영어로 자기소개 한 번 해보시겠어요?

2 Yes. Of course! I introduce myself.

면접관 남들에게 말하면 놀랄만한 당신만의 비밀이 뭐가 있나요?

3 예? 아, 저 그러니까 저는 손가락이 합쳐서 12개가 아닙니다.

면접관 우리 회사의 장점이 무엇이라고 생각하는지요?

4 이 회사의 장점은 무엇보다 투명한 경영이라고 봅니다.

면접관 자신의 장점은 어떤 거라고 생각해요?

5 저는 추진력이 있습니다.

면접관 인생의 목표는 무엇이라고 생각합니까?

6 인생의 목표란 행복한 삶이라고 생각합니다.

면접관 행복이란 뭐라고 생각하나요?

7 예, 행복이란 자신이 원하는 일을 하며 웃으며 살 수 있는 것이라 생각합니다.

면접관이 다른 사람들에게 질문할 때는 약간 조용히 얘기하다가 마지막 질문까지 끝나면 모두의 소리는 점점 커지기 시작한다. 한동안 모두가 함께 큰소리로 떠들어서 아주 시끄러운 분위기. 그러다가 전화벨이 울리고 일제히 폰을 꺼내 전화를 받는다. 모두 "여보세요" 이후 말은 없이 행동으로 합격의 즐거움을 표현한다. 그리고 이후 상황이 계속해서 마임으로 진행된다. 마임의 내용은 직장 생활. 처음에는 큰 즐거움으로 출근, 그리고 서로 일 열심히 즐겁게 하지만 시간이 지나면서 똑같은 일이 반복되고 직장생활이 지속되면서 행복하던 얼굴이 차츰 찡그려져 간다. 여기에서 중요한 것은 일그러져가는 얼굴 혹은 표정을 잃어가는 얼굴. 즉 즐겁게 시작한 직장생활이 어느 정도 시간이 가면서 여러 가지 이유에 의하여 사람을 피곤하게 하고 웃음을 잃어버리게 한다는 것이 마임을 통해 표현할 내용이다. 즐거운 일, 화나는 일, 행복한 일 혹은 짜증나는 일 등 다양한 일들이 표현되어야 하며 혼자의 일뿐 아니라, 예를 들어 결혼식에 갔다거나 혹은 여행을 갔다거나 등등의 상황들 또한 다양하게 표현되어야 한다. 즉 일상이란 항상 짜증나거나 괴로운 일만 있는 것은 아니므로 이런 다양한 사건들이 함께 표현되어지되 그 최종 목적지는 표정을 잃는 것이 된다. 배우들의 일그러져 가는 얼굴이 어느 정도에 이르면 합창 혹은 분창으로 노래 시작. 노래 끝날 때는 모두가 무표정해진 상태.

노래1 벗어나고 싶어 : 올 캐스트

피곤해 피곤해 하루하루가 피곤해

언제나 반복되는 끊임없이 반복되는 지루한 일상

오늘이 어제 같고 내일은 또 오늘 같고

기계 속 부품처럼 매일 똑같은 일상이 반복되고

난 지금 뭘 하고 있나 난 왜 살고 있나

나는 일하는 기계인가 내가 사는 목적은 무언가

잊었어 오래 전에 내가 사는 목적

피곤해 귀찮아 생각하기 싫어

그냥 주어진 현재를 살 뿐이야

그냥 주어진 일을 할 뿐이야

내 삶의 목적지가 어디인지 잊은 지 오래이고

하루하루의 목표 역시 잃은 지 오래야

벗어나고 싶어 벗어나고 싶어

나의 이 지루한 일상으로부터

벗어나고 싶어 벗어나고 싶어

매일 같이 반복되는 변화 없는 삶으로부터

여기에서는 다양한 이미지들이 구현될 수 있을 것이다. 예를 들어 노래를 진행하면서 도살장에 끌려 들어가는 소와 같은 느낌의 이미지 혹은 고도를 기다리며에서 처럼 무언가를 한 없이 기다리는 느낌 등등의 다양한 은유적 표현을 통해 현실의 무료함과 거기로부터 벗어나고자 하는 욕구를 충분히 표현하여야 한다.

벗어나고 싶어 벗어나고 싶어

나의 이 지루한 일상으로부터

벗어나고 싶어 벗어나고 싶어

매일 같이 반복되는 변화 없는 삶으로부터

결국 모두의 얼굴에 표정이 없어진다. 조명 그 얼굴들에 모이고, 암전.

#2 - 출근

암전에서 알람 소리. 조명 인되면 침대 여러 개 있고 그 침대에는 여러 유형의 사람들이 알람에 반응을 보이고 있다. 긍정적인 사람, 부정적인 사람, 적극적인 사람, 피하는 사람, 귀찮아하는 사람, 그냥 자는 사람 …… 각자 자기의 성격에 맞추어 일어난다.

노래2 **아침이야 : 올 캐스트**
아 아침이야 아침 새로운 날의 시작 / 또 다시 밝아 온 하루
저길 봐 커다란 태양이 떠오르고 있어 / 그냥 다시 내려갔으면
상쾌하고 깨끗한 아침 공기 / 으 아직도 술 냄새 쩔어
일어나야지 벌떡 얼른 털고 일어나야지 / 이불 더 깊숙이
더 깊숙이
새로운 하루가 시작 됐어 또 다른 새로운 하루
오늘은 또 어떤 날일까 무슨 일이 나를 기다리고 있을까
오늘 모두에게 똑같이 진행되는 우리 모두의 하루
오늘 모두에게 똑같이 적용되는 24시간의 하루
지금은 시작이야 하루의 시작이야
피곤해 일어나기 싫어
털고 일어나야지 또 일터로 나가야지
피곤하고 귀찮고 어제와 똑같겠지만

간주 진행되며 침대에서 일어나 세수하고 옷 갈아입고 등등하며 출근 준비.

오늘도 나아가자 저 전쟁터로 내가 일하는 곳으로

나는 왜 일을 할까 지금은 그런 것 대답할 수 없어

그런 것 저 깊은 곳에 있는 얘기 일단은 접어 둔 얘기

나는 그냥 일해 그냥 일할 뿐이야 이유는 생각하지 않아

남들에게 뒤처지지 않는 것이 중요해

현재 상태를 유지하는 것이 중요해

언젠가 때가 오겠지 내 꿈을 실현시킬

지금은 아니야 지금은 무료해 지금은 피곤할 뿐이야

오늘도 일하러 나가자 일하러 가자 오늘도

노래 끝과 동시에 무대는 지하철로 바뀐다. 열차 도착음 울리고 사람들은 열차
에 탄다. 무표정한 사람들. 서로 밀고 밀리고. 자리가 정리되면 모두가 무표정
한 얼굴들.

김대리)

아침은 언제나 힘들어 피곤해 졸려워 짜증나

출근하는 길 사람들 사이에 끼여 있는 나

언제나 승진해서 임원되고 사장될까

언제나 내 회사 운영하며 사장소리 들을까

매일 매일 변화 없이 반복되는 이 지루한 삶

어제와 오늘이 같고 오늘과 내일도 다르지 않은 삶

즐거움은 어디 가고 내 삶의 목표는 어디 있나

무엇이 나를 이 변화 없이 지루하게 반복되는 삶에서 꺼내줄까

아침은 언제나 힘들어 피곤해 졸려워 짜증나

아침은 언제나 힘들어 피곤해 졸려워 짜증나

합창)

아침은 언제나 힘들어 피곤해 졸려워 짜증나

출근하는 길 사람들 사이에 끼여 있는 나

언제나 승진해서 임원되고 사장될까

언제나 내 회사 운영하며 사장소리 들을까

매일 매일 변화 없이 반복되는 이 지루한 삶

어제와 오늘이 같고 오늘과 내일도 다르지 않은 삶

즐거움은 어다 가고 내 삶의 목표는 이디 있나

무엇이 나를 이 변화 없이 지루하게 반복되는 삶에서 꺼내줄까

아침은 언제나 힘들어 피곤해 졸려워 짜증나

아침은 언제나 힘들어 피곤해 졸려워 짜증나

지하철이 도착하고 사람들 내려서 갈 길로 간다. 각자 무질서하게 막 흩어져서

뛰는 대신 모두 무표정한 얼굴과 획일적인 사회를 나타내며 슬로우 모션이나

혹은 집단행동으로 함께 움직인다. 그 틈에 할머니 밀려 넘어진다. 김 대리

그냥 보고 퇴장했다가 다시 들어와 할머니를 일으키며

김대리 할머니 괜찮으세요? 일어나세요. 제가 부축해 드릴게요.

할머니 고마워요. 처녀 마음이 곱네.

김대리 아니에요. 누구나 다 그렇죠.

할머니 그런데 처녀, 왜 그렇게 얼굴이 밝지 않아? 너무 무표정해. 웃

고 살아야지. 나만큼 살다 보면 웃는 게 정말 필요하다는 걸 느끼게 될
거야. 웃으면서 살아야 행복도 찾아오는 거야.

김대리 그래요? 할머니 알겠습니다. 잊지 않을게요. 전 시간이 없어
서 먼저 갈 테니까 조심해서 가세요. (퇴장)

할머니 고마워 처녀. 내 처녀 웃게 해 줄게.

　　　암전.

#3 – 사무실 —————————————

사무실 사람들이 삼삼오오 모여서 얘기를 하고 있다. 업무 시작 전 커피 브레이크. 존칭 등은 상황에 맞추어 적절하게 조절한다. 하루를 시작하기 직전 약간의 여유와 걱정 혹은 이런 저런 얘기들이 진행된다. (혹은 공연자의 필요에 따라 대화의 내용은 바꿀 수도 있다.) 대사와 노래가 뒤섞이며 필요에 따라 사람들이 시끄럽게 떠들기도 한다.

노래3 여기는 사무실 : 올 캐스트

새롭게 시작된 하루 어제와는 다를 또 다른 하루
오늘은 무슨 일이 있을까 오늘은 또 어떻게 하루가 지나갈까

1 아 피곤해
2 이봐. 뭐가 그렇게 아침마다 피곤하다는 소리를 달고 살아. 생각을 좀 긍정적으로 바꾸어 봐.
3 맞아. 저 친구는 아침에 출근하면 첫 소리가 "아 피곤해"야. 도대체 밤에는 뭐하고 그렇게 아침마다 피곤한 거야?
1 그냥 피곤해. 따분하고 지루해. 뭔가 쇼킹한 일이 없을까?

우리는 모두 아침마다 새로움을 기대해
오늘은 어떤 일들이 우리를 기다릴까
어제와는 다른 오늘 새롭게 시작된 오늘
정말 오늘은 어제와는 달라질까 새로운 일들이 기다릴까

4 그나저나 저 경리과의 최미소 씨 있잖아. 결혼한다던데.

5 정말. 남자는? 뭐하는 사람이래?

6 아마 대학 때부터 사귀던 사람인 모양이야.

7 대학 때부터? 대단하네. 어떻게 그 오랜 시간을 견뎌왔을까? 나는
만나면 매일 싸우는데.

8 왜? 뭐가 안 맞아?

9 안 맞는 거야 많지. 아니 하나부터 열까지 정말 뭔가 맞지 않아.

　　　무엇이 우리를 미소 짓게 하나
　　　무엇이 우리에게 웃음을 가져다주나
　　　그냥 의미 없는 이야기들
　　　어제 저녁 애인과의 데이트 텔레비전 영화
　　　일상의 소소한 일들이 우리를 웃게 하지 즐겁게 하고
　　　이곳에서는 사무실에서는 무슨 일이 우리를 미소 짓게 하나

1 그나저나 주말에는 뭐하고 지내?

2 주말? 주로 데이트하지.

3 맞아. 우리 나이에 데이트가 없으면 뭐하고 살까 몰라.

1 나도 얼른 애인을 구해야 하는데 ……

2 자네는 있잖아.

1 헤어졌어.

3 언제?

1 얼마 안됐어.

2 야, 그럼 주말에 진짜 심심하겠다. 생각만 해도 끔찍하네.

3 그러게 말이야. 친구들은 다 데이트 나갔지, 그렇다고 혼자 극장을 갈 거야 놀이공원을 갈 거야. 그냥 집안에서 청승이지.

1 나도 애인 좀 하나 소개 시켜줘.

　　나는 웃고 싶어 웃으면서 살고 싶어

　　나의 미래를 생각하고 행복을 꿈꾸며

　　매일 매일을 웃으면서 살 수 있는 상황을 그리며

8 참, 우리 김 부장님 이사로 승진한다는 얘기 들었어?

9 진짜? 나 더 이상 이 회사 안다닐래.

1 그러게. 그 사람 이사되면 안 되는데. 윗사람 눈치만 보고 아래 사람만 달달 볶는 정말 승진하면 안 되는 사람인데. 우리 회사를 위해서도. 내가 사장님한테 가서 얘기라도 해야겠다.

2 진짜?

3 진짜는 무슨 진짜! 내가 가서 얘기하면 나만 찍히지. 사장이 미쳤어? 내 얘길 듣게.

4 앞으로 회사 생활 더 피곤해 지겠네. 걱정이네 진짜.

　　오래 전 처음 출근하던 날 난 많은 꿈꾸며 행복했지

　　빨리빨리 승진해서 최연소 이사되고 결국엔 사장 되겠다고

　　원하는 회사 만들어 돈 많이 벌어 성공한 사업가 되겠다고

　　지금은 나의 꿈 나의 희망 모두 어디로 가버린 걸까

시간이 흐르고 승진은 힘들고

새로움은 없고 언제나 똑같은 일만 반복되고

넘치는 일 때문에 잠 못 드는 밤 많아지고

주변 사람들과 보이지 않는 경쟁과 투쟁

상사들의 압박과 후배들의 도전

내 삶은 전쟁터 나의 하루하루는 싸움으로 엮여져

5 (김 대리에게) 그런데 자기는 왜 아무 얘기 없어? 뭐 무슨 문제 있어?

김대리 응? 아니. 문제는 무슨. 그냥 피곤해서 그렇지.

6 (시계를 보며) 어, 벌써 시간이, 이제 오늘도 슬슬 시작해 볼까?

드디어 시작되는 우리의 하루

즐겁게 웃으며 행복하게 신나게 시작할 하루

나는 원해 행복하게 일할 수 있기를

나는 원해 즐겁게 일할 수 있기를

피곤해도 좋아 내가 만족스럽게 일할 수 있다면

밤을 샐 수도 있어 나에게 만족감을 줄 수 있는 일이라면

무엇이든 할 수 있어 힘들어도 괜찮아

내 삶에 새로움을 줄 수 있다면

나를 이 반복되는 삶에서 건져줄 수 있다면

그게 내가 바라는 거야

매일 아침 내가 바라는 것

뭔가 새로운 일 뭔가 창의적인 일

나를 새롭게 만들어 줄 일

나에게 최선을 다하도록 할 일

또 하루가 시작이야

위 노래 진행되며 사람들 모두 표정을 잃는다. 과장 등장. 뭔가 마음에 들지

않는다. 모두 자기 자리로 서둘러서 간다.

과장 (김 대리에게) 김 대리!

김대리 예.

과장 이거 자네가 작성한 보고서 맞아?

김대리 네. 그렇습니다만.

과장 그렇습니다만?

김대리 네.

과장 내용이 뭐야?

김대리 그러니까.

과장 도대체 뭐야? 뭐냐고? 무슨 보고서가 내용이 없어? 응? 이게 뭘

쓴 거야?

김대리 시장분석에 대해서 ……

과장 무슨 시장 분석? 여기에 써있는 것 못하는 사람 있어? 그냥 일반

적인 얘기만 정리한 것 아니야?

김대리 죄송합니다.

과장 지난번에도 그러지 않았어?

김대리 죄송합니다.

과장 제대로 살펴보지도 못하고 결제 들어간 내가 문제지. 그리고 자네는 도대체 할 줄 아는 게 뭔가? 응? 보고서 하나 세대로 쓰지도 못하고. (이 대리를 보며) 이 대리!

이대리 예.

과장 이거 자네가 정리 좀 해. 이 친구는 도대체 믿을 수가 없어. 거기 서 있지 말고 가서 일해.

김대리 예.

김 대리 처량하게 자기 자리로 돌아간다. 과장은 다시 퇴장.

노래4 나는 왜 : 김대리

나도 어려운 입사시험 뚫고 이 회사 들어온 사람이야
나도 능력 있고 잘 할 수 있는 사람이야
내 모든 성적 그 누구에게도 뒤지지 않고
내 능력 그 누구에게도 뒤지지 않아
하지만 지금 내가 하는 일은 뭐야
매일 거의 똑같은 일 변하지 않는 일
습관적으로 하는 일 뭔가 생각이 필요치 않은 일
내가 원숭인가 내가 할 줄 아는 건 이것뿐인가
나는 싫어 이 지루한 삶이 나는 싫어 벗어나고파
지루한 일 반복되는 일 뭔가 창의적인 일을 원해
늦게까지 일해도 좋아 뭔가 보람이 있을 수 있다면
매일 밤새도 좋아 만족을 느낄 수 있다면

너무 일상적이야 변화가 없어 지루해

인생은 습관이야 그냥 아침에 일어나서 출근하고

어제와 똑같은 일 하다가 퇴근하고

애인 만나거나 친구 만나거나 영화를 보거나 티비를 보거나

가족들과 얘기를 하거나 채팅을 하거나

그러나 모든 일은 할 때뿐

막상 내 인생의 가장 큰 부분을 차지하는 직장은

언제나 습관이야

뭔가 새로운 것이 필요해

뭔가 새로운 것을 줘 눈이 확 뒤집힐 새로운 것

매일 매일 반복되는 똑같은 일들

귀찮아 짜증나 일하기 싫어

과장 (다시 등장하며, 아까보다 더 화가 나 있다) 김 대리!

김대리 예.

과장 자네가 결국 오늘 히트를 치는구만.

김대리 예?

과장 (서류를 내밀며) 이것도 자네가 작성한 거지?

김대리 예. 그런데요.

과장 그런데요? 자네 지금 꿈꿔? 이게 무슨 내용이야? 일하기 싫어?
일하기 싫으면 나가면 돼 일할 사람은 많으니까.

김대리 아닙니다. 죄송합니다. 앞으로는 좀 더 집중하겠습니다.

과장 좀 집중해서 되겠어? 아무래도 자네는 믿을 수가 없어. 일단 시

장이나 나가서 시장 조사나 하고 와. 우리 제품과 경쟁사 제품이 어떻게 판매되고 있고 각각의 장단점은 무언지 파악해 가지고 와.

김대리   예.

과장   똑바로 해 가지고 와. 이거 잘못하면 옷 벗을 줄 알아.

김대리   예.

과장   빨리 나가.

김대리   예.

암전.

#4 – 길거리

조명 인되면 길거리. 지나가는 많은 사람들.

노래 5 길거리 : 김대리 & 코러스
모두 정신없이 바쁜 이곳 여긴 길거리
서로 신경 쓰지 않는 이곳 여긴 길거리
그냥 나갈 뿐야 내가 가야 할 곳 그냥 달릴 뿐야 앞만 보고서
아무 속박 없는 이곳 여긴 길거리
아무 간섭 없는 이곳 여긴 길거리
모두가 일로 바쁘고 옆 사람조차 돌아보지 않는 곳 여긴 길거리

길거리의 바쁜 사람들의 모습.

김대리)

피곤해 짜증나 나도 분명히 잘할 수 있는데
의욕이 없어 잘 해야 한다는 목적이 없어
회사에 출근하려 집을 나서는 순간부터 머리는 멈추고
새로운 일 창의적인 일에 대한 기대는 잊은 지 오래
그냥 주어진 일만 대충 욕먹지 않을 정도로 끝내고
어차피 습관인데 큰 차이도 없는데
매일 반복되는 일 눈 감아도 척척 해낼 수 있는 일
피곤해 지루해 일하기 싫어

아침의 그 할머니 나타난다.

할머니 아침의 고마움에 대한 보답이야.

김 대리 주머니에 복권을 한 장 넣고 사라진다. 조명 바뀌며 복권 추첨을 하고
복권은 120억에 당첨.

김대리 할머니! 할머니! 이거 정말 저에게 주시는 건가요? 이런 세상
에. 내가 복권에 당첨되다니. 그것도 저게 얼마야? 일 십 백 천 만 십만
백만 천만 억 십억 백억. 백이십억?

지나가는 사람들에게

김대리 저기요. 저기요. 나 좀 꼬집어 주실래요? 어서요. 저 미친년처
럼 보이죠? 맞아요. 나 미쳤어요. 나는 미쳤어요.

노래6 **아니 아니죠 : 김대리**
아니 아니죠 이건 정말 꿈이 아니죠 꿈이 아니죠
분명 아니죠 이건 절대 꿈이 아니죠 현실인 거죠
깰 일 없어 이건 꿈이 아니야 내 선행에 대한 보답일 뿐
이젠 남들 부럽지 않은 부자 내 운명의 수레바퀴일 뿐
원하는 것 할 수 있고 여행도 언제든 떠날 수 있어
내 회사를 만들어 맘에 드는 직원만 뽑을 수 있어

난 뭐든 할 수 있어 난 뭐든 누릴 수 있어

나는 부자다 나는 부자다

주머니에 들어 있는 지갑이며 기타 등등을 꺼내 지나가는 사람들에게 준다.

마구 준다. 돈도 뿌린다.

김대리 야! 난 이제 부자다! 난 이제 일하지 않는다! 아침에 인상 쓰며 일어나 졸린 눈으로 무표정하게 버스타고 전철타고 출근하지 않는다! 푹신한 침대에서 하인이 가져다주는 따뜻한 밥 먹으며 내가 자고 싶은 만큼 자고 먹고 싶은 만큼 먹고 놀고 싶은 만큼 놀고 일하고 싶은 만큼만 일할 거다. 난 뭐든지 할 수 있다. 이제 난 부자다.

무얼 먼저 할까 여행이나 떠날까

내 회사를 만들어 돈을 왕창 더 벌까

아니 아니 먼저 사표부터 써야지

나를 매일의 지루함으로 끌어당기는 나의 일

난 하고 싶은 일 많아 난 이루고 싶은 것 많아

사장도 되고 싶고 더 많은 돈도 벌고 싶고

생각한 일 많았었는데 하고 싶은 일 많았었는데

돈을 벌게 되면 많은 돈을 벌게 되면

나는 이제 행복해 이제 드디어 나는 행복해

무얼 먼저 할까 여행이나 떠날까

이때 저 쪽에서 남 대리 등장. 남 대리는 아직 김 대리를 보지 못했다.

김대리 아니 남 대리님? (다가가서) 남 대리님!

남대리 어? 아니 김 대리? 웬일이야. 이런 시간에 여기에서.

김대리 남 대리님 보고 싶어서 기다리고 있었죠.

남대리 나를? 왜?

김대리 사실 나 그동안 남 대리님을 무척 좋아했어요. 언제 한 번 같이 밥이라도 먹고 싶었는데.

남대리 그래? 고맙네.

김대리 남 대리님. 애인 없으시죠? 우리 애인해요.

남대리 애인?

김대리 네. 좋죠? (팔짱을 낀다)

남대리 저기 (팔짱을 살짝 빼며) 나 사실 애인 있는데.

김대리 ……

남대리 그럼 나 먼저 갈게.

남대리 먼저 떠난다.

김대리 (떠나는 뒤에 대고) 남 대리님. 우리 같이 커피나 한 잔 할래요?

남대리 커피?

김대리 네. 커피! 아주 맛있는 커피!

남대리 커피, 뭐 그야 어려울 것 없지. 그러자고. 그런데 나 얼른 다시 들어가야 돼. 시장에서 한 가지만 확인하겠다고 하고 나왔거든.

김대리   그깟 회사가 뭐 그렇게 중요해요. 회사 짤리면 내가 먹여 살릴게요.

남대리   뭐? 허허허허허

김대리   (팔짱을 끼며) 정말이에요. 자, 가죠.

남대리   (팔짱을 빼려고 하며) 아니, 저 김 대리.

김대리   왜? 싫으세요?

남대리   아니 그러니까 그게 저 그 뭐냐 그 저 싫어.

김대리   하여간 갑시다. 커피 한 잔 하러.

김 대리 남 대리를 끌고 나가며 암전.

#5 — 카페

조명 인되면 카페.

노래7 커피 한 잔 : 코러스
커피 한 잔을 시켜놓고 그대 오기를 기다려봐도
웬일인지 오지를 않네 내 속을 태우는구려
커피 한 잔 찐하게 쓴 블랙커피 한 잔
임자 있는 남의 남자 맛과 같은 쓴 맛
커피 한 잔 달콤한 설탕커피 한 잔
당신 함께 우리 함께 밀크커피 한 잔 해봐요
커피 한 잔 마시러 가요 사랑의 맛 한 잔해요
쓰디쓴 커피 한 잔 해요 진하게 쓴 커피 한 잔

김 대리, 남 대리 팔짱을 끼고 거의 끌다시피 들어온다.

남대리 저기. 김 대리, 그러니까 그게 이게 있잖아 그 저
김대리 그래. 어쨌다는 거예요? 커피 한 잔, 쓴 커피 한 잔 마시자는데
뭐 문제가 됩니까?
남대리 아니 그러니까 내 얘기는
김대리 그래요. 남 대리님 얘기는 이 김 대리가 살짝 미친년 같으니까
뭐가 이상하다 이거 아니에요?
남대리 그래. 맞아.

김대리   알아요. 나도. 그리고 사실 나 미쳤어요. 히히히히.

남대리   김 대리.

김대리   미쳤다니까요. 나 오늘 완전히 맛이 갔어요. 완전히 맛이 갔다구요. 정말 나 미쳤어요. 히히히히히히.

남대리   (끌어다 앉히며) 왜 그래? 제발 조용히 좀 해. 창피하잖아.

김대리   (일어서며) 뭐가 창피해요? 나 미쳤다는데 나 미친 게 창피해요?

남대리   아니 그게 그러니까 저기

김대리   알아요. 내가 미쳤으니까 창피하죠. 미친년하고 이렇게 다니는 게 얼마나 창피하겠어요? 그래도 괜찮아요. 나 미쳤어요. 정말 미쳤어요. (꽥 소리 질러서) 나 미쳤어요.

사람들 모두 쳐다본다.

노래8 나 미쳤어요 : 김대리 & 코러스

김대리)

나 미쳤어요 호호호 나 미쳤다구요 호호호호

뭘 쳐다봐요 호호호 처음 보나요 미친 년을

자랑이에요 호호호 미쳤다는게 호호호호

나 미쳤어요 호호호 나 미쳤다구요 호호호호

코러스)

왜 미쳤을까 (미친게) 왜 미쳤을까 (자랑인가) 왜 미쳤을까 (미친년)

김대리)

나는 이제 알 것 같아 왜 사람들이 미쳐가는지

나는 이제 알아 미치도록 행복한 게 무언지

나는 무엇이든 할 수 있어 나는 이 세상을 살 수도 있어

누가 나를 막을 수 있나 무엇이 나를 막을 수 있나

나는 뭐든 할 수 있는데 나는 부자야

김대리 / 코러스)

이 세상은 모두 내 것이야 / 시끄러워라

내 마음대로 할 수 있어 / 조용히 하지

나를 거부할 수 있는 건 없어 / 누가 좀 말려

신난다 / 나가라

남대리 (김 대리를 끌어 앉히며) 저기 이거 봐. 이러면 안 돼. 남들 생각도

해야지.

김대리 왜요? 왜 내가 남들 생각도 해야 하는데?

남대리 아니 그게.

김대리 남 대리님. 우리 뽀뽀나 한 번 할까요?

남대리 뭐라고?

김대리 우리 뽀뽀나 한 번 합시다.

남대리 정말 왜 이래? 정말 미친 거야?

김대리 남 대리님.

남대리 응? 아 미안, 하도 진정을 못하기에.

김대리 그래요 맞아요. 정말 미쳤어요. 미쳤다니까요.

웨이터가 제지하러 왔다.

김대리　아! 웨이터. 왜?

웨이터　저 여기서 이러시면 안 됩니다. 다른 손님들에게 방해가 됩니다. 죄송하지만 좀 앉아 주시겠습니까?

김대리　지금 나한테 뭐라고 했어요?

웨이터　네. 죄송하지만 앉아 주십시오.

김대리　오, 그래요. 미안해요 (앉다가 일어나며) 라고 말할 줄 알았죠? 왜요? 왜 앉아야 되는데? 난 앉기 싫은데.

웨이터　아니 저 손님.

김대리　그래 얘길 하시라고 얘길. 들을 테니까.

웨이터　그러니까요 그게. 저기 여기는 공공장소고 또

김대리　또

웨이터　그러니까 저기

김대리　그러면 이렇게 하면 되겠다. 우리만 남겨 두고 여기 다른 손님들 다 내 보내지. 그건 어떨까?

웨이터　저기 손님.

김대리　왜 그렇게 안 되겠어? 오늘 하루 매상 내가 다 낼게. 얼만데? 하루 매상이.

웨이터　아니 저 손님.

김대리　에헤, 그 친구 참 말 많네. 내가 돈 다 낸다고. 그러니까 다른 손님들을 다 내보내란 말이야.

웨이터　아니 저기

김대리　아니 저기고 여기고 어때 한 천만 원쯤 하면 되겠나?

남대리　아니. 저기 김 대리.

김대리 가만히 계세요, 남 대리님은. 아님 우리가 나가고.

웨이터 저 손님.

김대리 싫으면 말고. 남 대리님 우리 나갑시다.

웨이터 아니 저기 이러시면

김대리 그래. 이러시면 곤란하다는 말 아니야. 그러니까 우리가 나간다고.

웨이터 아니 제 말씀은 그런 뜻이 아니고.

김대리 아니고 뭐란 말이야?

웨이터 저기요. 그게.

김대리 앉을까?

웨이터 아니요.

김대리 그럼 나갈까?

웨이터 예.

김대리 나갑시다.

나가며 암전.

#6 - 길거리 ─────────────

조명 인되면 또 다시 길거리.

🔲노래5 Re. 길거리 : 코러스

김 대리, 남 대리를 또 끌고 뛰어 들어온다.

남대리 김 대리. 기다려. 정말 왜 이러는 거야?

김대리 너무 재밌다.

남대리 김 대리. 정말 왜 이래? 정말 미친 거 아니야?

김대리 나요? 정말 미쳤냐구요? 그렇다니까요. 정말 미쳤다니까요.
저기요. 나 한 번 꼬집어 줘요.

남대리 정말 왜 이러는 거야?

김대리 나 한 번 꼬집어 달라니까요.

남대리 그래? (세게 꼬집으며) 그래서 제 정신이 된다면.

김대리 악!! 아니에요. 아니에요. 정말 아니에요. 정말 꿈이 아니에요.
됐어요. 됐어요. 정말 됐어요. 있죠 남 대리님. 나 이제 더 이상 출근하
지 않아요. 피곤한 몸으로 억지로 일어나 인상 쓰면서 출근하지 않아
요. 나 이제 더 이상 일하지 않을 거예요. 그냥 하루 종일 놀고먹기만
할 거예요. 우리 아침에 왜 출근해요? 몇 푼 안 되는 월급 받으려 새벽
부터 일어나서 출근하잖아요. 그 월급 몇 푼 되기나 하나요?

노래 9 나 그동안 : 김대리

나 그동안 많이 힘들었어 매일의 삶이 즐겁지 않았어

똑 같이 반복되는 일 어제와 오늘이 다르지 않은 일

그 속에서 나는 지쳐갔고 내 삶의 목표도 잃어버렸지

왜 사는지도 모르는 채 어디로 가는지도 모르는 채

하루 하루를

아침부터 저녁까지 일에 매달려 기계처럼 반복되는 매일

나 그동안 정말 힘들었어 아무런 열정도 없었던 나의 삶

주말되면 겨우 시간 내서 쉬지만 다시 찾아오는 월요일

다시 또 출근하고 기계처럼 일하고

나 이제 달라질 거야

완전히 다른 사람으로 태어날 거야 나 이제 일하지 않을 거야

잘 봐 나를 이제 완전히 새로워질

나 이제 달라질 거야

완전히 다른 사람으로 태어날 거야 나 이제 일하지 않을 거야

잘 봐 나를 이제 완전히 새로워질 나를

김대리 나 사실 엄청난 부자가 됐어요. 엄청난 부자. 나 돈 많아요. 이건 꿈이 아니라고요. 아, 행복해. 난 정말 행복해요. 온 세상이 다 내 것이에요. 모두 내 손에 있다구요. 이건 정말 꿈이 아니에요.

남대리 저 김 대리.

김대리 왜요?

남대리 아니 글쎄

김대리 글쎄 뭐요?

남대리 아니 내 얘기는

김대리 그런데요?

남대리 아니 그러니까

김대리 그래 어쩌라구요?

김대리 아니 정말 이래서는

김대리 그래 이러서는

남대리 아니 정말 왜 이러는 거야?

김대리 나요. 복권에 당첨됐어요. 120억이요.

남대리 ······

김대리 믿기지 않죠. 그래요. 나도 믿기지 않아요. 그런데 조금 전 남 대리님이 나 꼬집었을 때 정말 아팠어요. 그러니까 이게 꿈은 아니에요.

남대리 저기.

김대리 왜요?

남대리 저, 김 대리.

김대리 네.

남대리 그러니까 저기 그 저 괜히

김대리 남 대리님. 사실 나 지금까지 남 대리님을 지켜봤어요. 언제나 씩씩하게 출근하는 모습에 가슴 뛰었고. 난 남 대리님의 애인이 되고 싶어요. 어때요? 우리 애인해요? 난 뭐든지 할 수 있어요. 내가 모든 것 책임질게요. 남 대리님.

남대리 (약간 망설이며) 그럽시다.

김 대리 더 신나게 웃으며

노래 10 아 사랑 : 김대리 & 남대리

사랑 아 사랑 나를 사랑해

당신을 기다려왔어

날 사랑하게 된 당신을 매일 꿈꾸며 이 순간만을 기다려왔어

왜 이제야 나타났을까 왜 이제야만날 수 있게 됐을까

그동안 나의 삶 당신을 만나기 위한 나의 삶

남대리)

내 안엔 그대가 있고 그대 안엔 내가 있어

새롭게 시작된 우리의 사랑

당신을 사랑할게요 이 세상 끝까지 당신만 바라볼게요

행복을 기다리며

당신과 나의 사랑 새롭게 시작될 사랑 영원히 함께할 사랑

난 당신을 기다려왔어

김대리)

내 손 잡아줘 이 손 놓지마

듀엣)

우리 두 사람 사랑하는 우리 행복하게 영원히 변치 않기를

행복한 미래를 보여 주세요 아름다운 미랠 열어 주세요

우리 함께 손잡고 영원한 미래를 약속하며 행복을 설계해요

당신 속에 내가 있고 내 안에 당신 있어

손에 손잡고 서로 발을 맞추며 행복한 미래 위해 나아가요

사랑으로 믿음으로 행복을 그리며

김대리　우리 여행이나 떠날까요?

남대리　여행? 어디로?

김대리　멀리.

남대리　응, 멀리? 제주도?

김대리　너 지금 장난하니?

남대리　아니, 그러니까 그게.

김대리　다시.

남대리　그러면 일본?

김대리　좀 더 멀리를 생각해 봐요.

남대리　그럼 동남아?

김대리　정말 확!

남대리　알았어. 그럼 유럽.

김대리　그래요. 유럽.

남대리　좋지. 유럽.

김대리　그래. 유럽 일주. 한 달간. 우리 얼른 여행 떠나요. 유럽 아니. 세계 일주를 해요. 아니야. 그보다는 우리 뚜껑 열리는 비엠더블유 한 대 사서 그거 타고 북한 너머 중국 너머 유럽까지 운전하면서 가면 어떨까요? 재미없게 비행기타고 쉭쉭 왔다 갔다 하는 것보다 훨씬 더 재미있을 것 같지 않아요? 난 사실 사막에 가고 싶었어요. 남 대리님이 운전해요. 그러면 나는 차 위로 일어서서 모래바람 맞고 서 있을 테니까. 그게 내가 가진 가장 큰 꿈이에요.

남대리 사막? 비엠더블유? 좋지요.

김대리 그래요. 까짓 돈이야 몇 푼 들겠어요? 내가 다 낼게요. 나 돈 많
아요. 돈 많다고요. 얼른 갑시다. 뚜껑열리는 비엠더블유 한 대 사러.

노래11 **우리는 여행을 떠난다 : 김대리 & 코러스**
떠나자 지겨운 일상에서 달리자 비엠더블유 타고
훌훌 털어버리고 가벼운 마음으로
반복된 일상에서 벗어나는 거야
떠나자 반복되는 일상 넘어 달리자 멀리로 저 멀리로
훌훌 털어버리고 가벼운 마음으로
드디어 우리는 야 출발하는 거야
북한 넘어 중국 넘어 비단길 고비사막 히말라야 지중해
피라미드와 사하라 사막까지 아 우릴 부르는 사하라 사막
우리의 비엠더블유타고 아아 비엠더블유
우리는 바다 위로 달릴 거야 우리는 무엇이든 할 수 있어
저 멀리 보이는 자유의 여신상 우리는 뉴욕에 도착해
엄청나게 높은 빌딩들 수많은 자동차 그리고 넘치는 사람들
우리는 뉴욕을 달려 우리 비엠더블유
방향을 바꾸어 서쪽으로 엘에이로 달리자
엑셀레이터를 밟으면 힘차게 달려나가는 우리의 비엠더블유
백키로 이백키로 삼백키로 사백키로 우리의 비엠더블유

김대리 자! 갑시다! (무대 밖을 보고) 아니. 그런데 저 사람은 우리 김 과

장. 그래 원수는 외나무다리에서 만난다고 했겠다. 당신이 내게 그렇게 많은 고통과 아픔을 주었겠다.

김 과장 등장. 김 대리와 남 대리는 막고 서 있다. 김 과장 급히 지나치려 한다. 길을 김 대리와 남 대리가 막는다.

과장 (고개를 들고) 저 죄송합니다만 …… 아니 자네는 김 대리?

김대리 ……

과장 아니. 김 대리. 김 대리 아니야?

김대리 이것 보세요. 지금 나한테 김 대리라고 그랬어요?

과장 그럼. 자네에게 그랬지. 그리고 저 친구는 우리 옆 사무실의 남 대리 아닌가?

김대리 이것 보세요. 어디에서 김 대리 남 대리 함부로 막 부르시는 건가요?

과장 뭐라고? 자네 어디 아픈가?

김대리 이것 보세요. 뭐라고? 자네? 왜 아무한테나 함부로 막 반말하시는 건가요? 댁이 왜 나한테 반말하느냐구요? 나도 막 반말할까요?

과장 아니. 김 대리. 자네 정말 왜 이러나? 나는 자네의 과장이야.

김대리 이것 보세요.

과장 이봐.

남대리 얼른 사라져!

과장 에헴.

과장 사라진다. 둘은 웃으며 넘어 간다.

남대리 이래서 있을 때 잘해야 돼.

김대리 맞아요. 있을 때 잘.

남대리 이제 차를 사러 갈까요?

김대리 남 대리! 이리와 나 좀 업고 갈래?

남대리 네?

김대리 왜? 뭐 문제 있어?

남대리 아니. 아닙니다.

김대리 (업히며) 오케이, 자 가자고.

남대리 네.

김대리 야, 기분 좋다. 남 대리님도 기분 좋죠?

남대리 네.

김대리 이렇게 아니라 우리 회사나 한 번 들어갑시다. 그래서 큰 소리로 우린 떠난다고 소리라도 지르고 나옵시다.

남대리 아니, 그건 좀.

김대리 왜요? 뭐 두려운 것 있어요? 두려울 것 없잖아요. 가서 정말 멋지게 한 마디 하고 싶어요.

남대리 에이, 그건 좀 그렇다.

김대리 왜요? 뭐 무서운 것 있어요?

남대리 아니, 그래도 조금 전까지 열심히 다니던 회산데.

김대리 그래 하긴 그렇지. 내 인생이 달려 있었지. 그럼 그냥 가서 살짝 자랑이나 하고 갑시다.

남대리 자랑? 아니 나는.

김대리 왜요? 혹시 남 대리님 애인이 우리 회사에 있어요? 사내연애는 금지되어 있는데.

남대리 아니야. 그게.

김대리 그럼 뭐에요?

남대리 아니. 그럼 가자고. 자 출발.

김 대리, 엉거주춤한 남 대리를 끌고 퇴장하며 암전.

#7 – 회사

조명 인되면 다시 회사. 음악을 통해 사람들이 하루 종일 지루하게 일에 열중하는 모습을 보여준다. 회사의 칙칙한 분위기가 포인트.

노래12 사무실 : 코러스
여기는 사무실 우리가 일하는 곳 여기는 사무실 사무실 사무실
컴퓨털 쳐다봐 하루 종일 뚫어져라
마우슬 눌러대 하루 종일 부서져라
절대로 다른 곳에 눈 돌리지 말고
절대로 다른 일에 한 눈 팔지 말고
모니터에 집중해서 우리는 일한다 여기는 사무실 사무실 사무실

김대리 (큰소리로) 안녕하세요?

1　어? 김 대리! 어디 갔다 왔어?

김대리　나? 나 회사 그만 뒀어.

2　뭐라고 그게 무슨 말이야?

김대리　응. 이제 그만 둘 거라고. 뭐랄까 나도 이제 내 사업할 때가 된 것도 같아서 말이지. 그래서 내 사업 시작하기 전에 너희들에게 인사나 하고 여행이나 갔다 오려고.

3　무슨 사업할 건데? 어디로 갈 건데?

김대리　무슨 사업인지는 아직 결정하지 않았고, 여행은 뚜껑 열리는 비엠더블유 한 대 사서 그거 타고 세계 일주나 하려고 해. 나 사실 돈

이 많은 여자거든.

4 저기. 김 대리. 너 혹시 뭐 문제 있니? 오늘 아침에 과장님께 깨진 이후에 충격이 커?

김대리 뭐 그런 단순한 일을 가지고. 그리고 과장님은 이미 밖에서 만났어.

5 응? 어디에서?

김대리 응, 저 밖에서. 내가 과장님께 드릴 것이 있거든. 여행 떠나기 전에 과장님께 드리고 여행 떠나려고.

　　　책상에서 종이를 꺼내 사직서를 쓴다.

상희 (뻘쭘한 남 대리를 보고) 그런데 자기는 웬일이야?

남대리 나? 험, 그러니까 그 저 거 그게 왜 저

상희 아니. 오늘 무슨 시장조사 나간다면서? 그런데 왜 김대리하고 같이 들어왔어?

남대리 아 그러니까 그게 그럴 일이 좀 있어.

상희 그럴 일이라니?

남대리 아니 저기 나중에 얘기해 줄게.

상희 이거 정말 이상하네. 그리고 왜 자기 사무실이 아니라 우리 사무실에 와 있어?

남대리 아니 그게 말이야. 있잖아

김대리 (쓰던 걸 다 쓰고) 응, 남 대리님? 나하고 같이 여행 떠나기로 했어.

1 여행?

2 너하고 같이?

김대리 응. 왜 안 돼?

3 아니 뭐 안 될 건 없지만.

김대리 응, 오늘부로 애인 정리하고 나하고 애인 하기로 했어. 그 기념으로 우리 세계 일주하려고.

상희 김 대리. 너 어디 아프니?

김대리 나? 왜?

상희 너 진짜 아무렇지도 않아?

김대리 나? 응, 나 사실 미쳤어.

과장 옆으로 다가온다.

김대리 (과장에게) 안녕하세요? 오늘 자주 뵙네요. 제가 드릴 게 있는데요.

봉투를 내민다.

과장 이게 뭔가? 나한테 어떻게 했는지 잘 기억하고 있겠지?

김대리 예. 일단 그 봉투를 한 번 열어보세요.

과장 봉투? 이런 걸로 뭔가 해결하려는 생각은 않는 게 좋을 거야.

김대리 그러니까요. 그런데 어쩌죠? 그걸로 단박에 결론이 날 텐데.

과장 단박에?

과장 봉투를 열어 사직서를 꺼내고 김 대리는 노래 시작.

노래 13 **사직서 : 김대리**

본인은 이제 이 회사에 애착이 없어

더 이상 일하기를 원치 않으므로 사직서를 제출합니다

받아주세요 나의 이 소중한 봉투를

읽어주세요 나의 이 중요한 고백을

나는 이제 떠나렵니다 당신들 품으로부터

나는 이제 세상으로 나가렵니다 당신들 보호를 떠나

안녕히 계세요 모두 떠나는 내 마음 슬프지만

우리는 다시 만날 거예요 꼭 다시 언젠가는

너무 아쉬워 말아요 너무 섭섭해 말아요

이별은 아쉽지만 다시 만남은 더 큰 기쁨이에요

행복하세요 여러분 모두 진심으로 행복을 기원해요

슬퍼 말아요 내가 떠난다고 나는 정말 행복하게 떠나니까

아쉬워 말아요 섭섭해 말아요 슬퍼 말아요 내가 떠남을

나는 떠나요 이제 훌훌 털어버리고 저 세상으로

안녕 안녕

김대리 자, 여러분. 그동안 신세 많이 졌습니다. 우리가 떠난다고 너무
아쉬워 마세요. 여러분 모두에게 행운이 함께하길 빌게요. 잘 있어요.
남대리 얼른 갑시다.
김대리 그래요. 여러분 안녕.

이때 사장 들어온다. 모두 인사하고

사장 그래. 수고들 해요. 나 지나가다가 여기가 시끄럽길래 뭐 좋은 일이라도 있나 하고 들렀어요. 어디 무슨 좋은 일이라도 있어요? 나도 같이 좋아합시다.

과장 아닙니다. 아무 일 없습니다.

김대리 (앞으로 나서며) 아닙니다. 있습니다.

과장 아닙니다. 아무 일 아닙니다.

김대리 아닙니다. 아무 일 있습니다.

사장 있어? 그래 자네는?

김대리 네. 저는.

사장 잠깐. 자네가 그러니까 김 대리 김 대리 김 대리지?

김대리 네. 김성실입니다.

사장 그래. 그래. 김성실이. 미안. 내가 잠시 자네 이름을 잊었네. 그런데 자네 말이야. 오늘 오전에 과장이 가지고 온 그 시장 보고서 말이야. 그거 자네가 한 게 맞지?

김대리 예.

사장 그 보고서에 대해 어떻게 생각하나?

김대리 예?

사장 그 보고서에 대한 자네의 의견이 뭔지를 묻는 거야. 예를 들어 100점 만점에 몇 점짜리 보고서일까?

김대리 저, 생각을 해보지 않았는데요 …….

사장 생각해 보지 않았다? 그럼 잘 만들었다고 생각하나 잘 못 만들었다고 생각하나?

김대리 잘 모르겠습니다.

사장 잘 몰라? 너 이 회사에 월급 받으며 다니지?

김대리 예.

사장 그럼 네가 받는 월급 값어치를 충분히 한다고 생각하나?

김대리 저기.

사장 너무 엉망이란 생각이 들지 않나?

김대리 네?

사장 뭐랄까? 알맹이가 빠지고 껍데기만 번지르르하게 포장한 왜 그런 것 있잖아.

김대리 죄송합니다.

사장 그래. 죄송해야 해. 자네는 이곳에 돈을 받으며 일하러 다니고 있어. 그리고 나도 자네들이 정말 좋은 환경에서 일할 수 있도록 최선을 다하고 있고.

김대리 정말 그렇게 생각하십니까? 우리가 좋은 환경에서 일할 수 있도록 애쓰신다고요? 그러면 우리가 원하는 것이 무엇인지 혹시 알고 계시나요? 제가 몇 가지 드릴 말씀이 있는데요.

노래14 **존경하는 사장님 : 김대리 & 코러스**

사장님 존경하는 사장님

언제나 회사를 운영하시느라고 정말로 고생이 많으시죠

우리도 최선 다해 회사를 위해서

많은 노력 기울이며 열심히 일하죠

사장님 회사를 아니 회사원을 우리를 얼마나 생각하시는지요

우리가 희망하는 것이 무언지 알고 계신가요

월급도 지금보다 더 많이 주시고

빨간 날은 빠짐없이 놀 수 있게 해 주시고

땡땡이를 치더라도 모른 척 해 주시고

시간되면 칼 퇴근 할 수 있게 해 주시고

사내에서 연애하는 젊은 남녀 있으면

둘이 그냥 사랑하게 가만히 놔두시고

맘 편하게 여행도 다닐 수 있도록 회사에서 지원을 해 주십시오

/ 월급도 지금보다 더 많이 주시고

빨간 날은 빠짐없이 놀 수 있게 해 주시고

땡땡이를 치더라도 모른 척 해 주시고

시간되면 칼퇴근 할 수 있게 해 주시고

사내에서 연애하는 젊은 남대리녀 있으면

둘이 그냥 사랑하게 가만히 놔두시고

맘 편하게 여행도 다닐 수 있도록 회사에서 지원을 해 주십시오

사장 (웃으며) 그래? 그렇게만 하면 이 회사가 다 잘될 수 있다는 건가?

김대리 네.

사장 그러니까 자네는 내가 그렇게 하지 못하도록 하고 있다 이건가?

김대리 네.

사장 그러니까 월급을 많이 주고

김대리 네.

사장 빨간 날은 빠짐없이 잘 놀 수 있도록 해주고

김대리 네.

사장 혹시 땡땡이를 치더라도 모른 척 해주고

김대리 네.

사장 사내 연애도 할 수 있도록 하고

김대리 네.

사장 칼 퇴근할 수 있도록 배려하고

김대리 네.

사장 마음대로 여행 다닐 수 있도록 지원도 하고.

김대리 네.

사장 그런데 실제는 그렇게 진행되지 않는다?

김대리 네.

사장 그렇다면 미안하네. 나는 사실 자네가 생각하는 그런 회사를 만들고 싶었는데 잘 안 되었군. 어떻게 해야 할까? 내가 사직을 하면 될까?

김대리 네?

사장 내가 회사 운영을 잘못 해서 자네가 원하는 대로 할 수 없다니까 내가 사직을 해서 모두의 편의를 도모하는 것이 내 일이라고 생각하는데.

김대리 저 사장님.

사장 아니 그보다는 자네가 사장을 하게나. 그래서 모든 직원들을 골고루 보살펴 주게. 나는 오늘 부로 사직하겠네. (주머니에서 사직서를 꺼내 주고 퇴장하며) 좋은 회사를 만들어 주게. 김 대리 아니, 김 사장.

김대리 (따라 나서며) 아니. 저 사장님. 무슨 일이 이렇게 돼가고 있지? 아니 나한테 사장을 하라고? 난 여행 떠나야 하는데. 저 과장님.

과장 네. 사장님.

김대리 아니 과장님은 또 왜 이러세요?

과장 이제 사장님께서 우리 회사 사장이시니까 사장의 역할을 하십시오.

김대리 아니 정말 이러시깁니까? 그래요. 까짓 거 하라면 못할 것도 없죠. 합시다. 하자구요. 허허 ……

남대리 김 대리. 지금 이러고 있을 때가 아니야. 얼른 비엠더블유 사 가지고 세계 일주 떠나야지.

김대리 남 대리. 지금 나한테 한 얘긴가?

남대리 아니. 김 대리 …… 사장님.

김대리 과장님.

과장 네. 사장님.

김대리 난 지금 사장실에 가 있을 테니까 뭐 얘기할게 있는 사람은 누구나 얘기하러 오라고 하세요.

과장 네. 사장님.

김대리 그리고. 남 대리.

남대리 예.

김대리 자넨 왜 그러고 있나? 빨리 가서 일해!

남대리 아니, 저 비엠더블유.

김대리 뭐라고? 비엠더블유? 자네 지금 제 정신인가?

남대리 죄송합니다.

김대리 얼른 가서 일 하세요!

암전.

#8 – 사장실

조명 인되면 사장실에서 서류를 검토 중인 김 대리.

[노래 15] 난 이제 사장이야 : 김대리

머나 먼 그 옛날 내가 아주 아주 어렸을 때부터

나는 꿈을 꾸곤 했지 사장이 되는 꿈을

빙글빙글 도는 회전의자에 앉아

수많은 부하 직원들을 내려다보며

내 마음껏 하고 싶은 대로 할 수 있는 사장을 꿈꿔왔어

그 사장의 꿈 이제 이루어졌어 어떻게 된 건지는 확실치 않아도

나는 지금 분명 사장 의자에 앉아 있고

사람들이 나를 사장이라 불러

이건 꿈이 아니야 나의 선행에 대한 보답이야

나는 소원 이룬 거야

나는 이제 사장이야 이 회사의 사장이야 나는 이제 사장이야

나 처음 입사할 때 많은 꿈 있었어 그 중에 최곤 역시 사장

누구나 꿈을 꾸지 사장이 되기를 샐러리맨의 꿈 희망 사장

나 열심히 일했어 그 누구보다도 열심히 내 목표 이루기 위해

남들보다 일찍 출근하고 늦게 퇴근하고

어려운 일은 자청해서 하고

남들 싫어하는 일도 도맡아서 하고 나는 정말 노력했어

하지만 시간이 가고 똑같은 일들이 반복되면서

나의 열정이 식어가고 나의 의지도 약해져 갔지

매일이 지루함의 연속이고 귀찮아졌지

그동안의 나의 시간 열정을 잃고 헤매던 시간

지루함에 몸부림치며 어떻게든 탈출하려 애쓰던 시간

하루하루 새로움을 찾으려 고군분투하던 시간

나의 열정을 일에 대한 나의 열정을 되찾으려 애쓰던 시간

이제 나는 사장이야 내가 하고 싶은 대로 하는 사장

이제 나는 사장이야 아무 것도 부러울 것 없는 사장

나는 다시 찾았어 나의 열정을 일에 대한 내 열정을

나는 이제 일 할 거야 내 온몸이 부서질 때까지

노래 끝.

비서 (들어와서 인사하고) 사장님. 박 이사님 오셨습니다.

김대리 이사님?

비서 네.

김대리 일단 모시세요.

비서 네.

퇴장하고 박 이사 들어온다.

이사 아, 새로 취임한 사장님이시군요? 젊은 분이라 일단 기분이 좀
얼떨떨합니다.

김대리 반갑습니다. 앞으로 많이 도와주십시오.

이사 좋습니다. 좋아요. 제가 도와줄 수 있는 일이라면 뭐든지 돕겠습니다.

김대리 그래서요. 일단 직원들 사기를 북돋우기 위해서 월급을 모두 올리면 어떻습니까?

이사 월급을 올린다. 좋죠. 얼마나 올리시겠습니까? 한 30% 정도씩 올릴까요?

김대리 30%? 좀 많은 것 같지만 좋죠.

이사 그렇게 하겠습니다. 월급 30% 인상. 다음은요?

김대리 네. 다음은 솔로탈출이 가능할 수 있도록 회사 내에 미팅 룸을 만들고 싶습니다.

이사 미팅 룸? 그럼 누가 누구를 만나게 되나요?

김대리 그거야 당연히 회사 내에서 서로 만나게 되겠죠.

이사 회사 내 직원들이 서로 만난다. 좋습니다. 다음은요.

김대리 다음은 근무 시간을 조절해야 하겠습니다. 우리 회사는 이제 일주일에 4일만 일하면 됩니다.

이사 일주일에 4일? 그럼 월화 일하고 수 쉬고, 또 목금 일하면 되겠네요. 아주 좋습니다.

김대리 다음은 칼 퇴근 보장입니다. 우리 회사는 시간이 되면 모두 무조건 퇴근합니다. 9 to 5!

이사 무조건 퇴근.

김대리 다음은 땡땡이 눈 감아 주기 입니다.

이사 땡땡이 눈감아 주기.

김대리 다음은 돈 안 들이는 여행보장하기. 회사에서 여행비용을 모두 대 줍니다.

이사 돈 안 드는 여행.

김대리 됐습니다. 이상을 이사회에 보고하고 통과시킬 테니까 이사님께서 처리해 주십시오.

이사 알겠습니다. 그렇게 하지요.

김대리 감사합니다. 이제 가보셔도 됩니다.

이사 네. (퇴장)

김대리 (이사가 퇴장 한 후) 가만, 그런데 내가 지금 뭘 하는 거지? 비엠더블유 사가지고 세계일주하기로 했잖아. 안 돼. 세계일주 해야 해. 갑자기 사장이 됐다고 여기에 머물러서는 안 돼. (망설이며) 그런데 이제 내가 사장이 됐잖아. 그리고 회사도 내가 원하는 대로 됐고 내가 바라는 대로 됐고 칼 퇴근 땡땡이 연애도 할 수 있고 월급도 많아지고. 내가 일 처음 시작할 때 희망했던 게 이건데. 이거 그대로 두고 여행을 가자니 아깝잖아. 그래. 한 1년만 사장 노릇을 하다가 천천히 쉬어도 되지. 그래. 이것도 다 기회야. 그 할머니가 나에게 주신. 감사합니다. 할머니. 그래. 다 돈 많이 벌자고 하는 일인데 나한테 주어진 일을 내가 왜 내 손으로 거부하겠어? 됐어. 난 이제 사장으로 일할 거야.

노래16 나는 사장 : 김대리

드디어 나의 첫 번째 일을 끝냈어
모두가 만족스럽게 일할 수 있도록 하는 일
직원들이 내게 감사하겠지

역시 직원들 마음을 잘 알아주는 사장이라며

이건 내가 그렇게 바라던 거야 아니 모든 직원들이 바라던 거야

많은 월급 충분한 휴식 일도 적게 하고 연애도 하고

모든 것이 자유롭고 평화롭다 이게 내가 한 일이다

나는 사장이야 이 회사가 세계 최고가 되도록 할 사장이야

나는 사장이야 직원들 마음 너무나 잘 아는 나는 사장이야

직원들 모두 내게 감사할 거야 나는 사장이야

김 대리 회전의자에 앉아 의자를 돌리며 여유를 부린다. 의자 몇 바퀴 돈다.
총무부장 들어온다.

총무부장 안녕하십니까 사장님? 총무부장입니다.

김대리 아, 네. 어서 오세요. 무슨 일이신가요?

총무부장 네. 일단 사장님께서 지시하신 내용을 확인하고 싶습니다.

김대리 무슨 지시 말입니까?

총무부장 사장님 지시에 따르면 여러 가지가 있습니다만, 그 중에서 특히 월급 30% 인상과 주 4일 근무, 그리고 여행비용 회사부담 등을 애기하신 것으로 압니다.

김대리 그래요.

총무부장 무슨 돈으로 월급 인상하고 여행비용 댑니까? 그리고 모두 일찍 퇴근하고 4일만 근무하면 누가 일합니까?

김대리 그런 해결책을 찾아야 하는 게 부장님 일 아닌가요?

총무부장 저는 주어진 범위 내에서 그 예산을 어떻게 운용할 것인가를

생각하지, 없는 돈을 만들어 내서 그 돈으로 직원 복지를 생각하는 일은 제 일이 아니라 바로 사장님의 일이라 생각합니다. 혹시 직원들 월급을 갑자기 30% 올리면 우리 회사 재정이 어떻게 되는지 아십니까? 그리고 일주일에 4일 일하면 얼마나 많은 문제가 생기는지 아십니까? 만일 이 지시를 정말로 시행하면 우리 회사는 아마 한 달 내로 문 닫아야 할 것입니다. 운영이라는 것은 그렇게 감상적으로 즉흥적으로 할 일이 아닙니다. 지금 우리 회사 모든 직원들의 운명이 사장님 손에 달려 있습니다. 물론 선심도 좋고 복지도 좋고 모두 다 좋지만 일단 운영이 된 다음 일 아니겠습니까? 그렇게 앞뒤 판단도 없이 함부로 결정하실 일은 아니라고 생각합니다. 사장님께서는 지금 우리를 절벽으로 끌고 가고 계십니다.

김대리 저기요. 그러니까 나는 지금 말하자는 게 아니라 모든 직원들의 근무 만족도를 높여서 생산성을 향상시키자는 거죠.

총무부장 그걸 누가 모릅니까? 그렇지만 허용치가 있는 거라고요. 그렇게 월급을 30%를 올리면 우리 회사는 그날로 문 닫을지도 모릅니다.

김대리 우리 모두 다 좋자고 하는 일인데 ……

총무부장 누구에게 좋습니까? 월급 많이 받으면 무조건 좋습니까? 그런 저차원적인 망상이 어디에 있습니까?

빵빠레와 더불어 노조 등장.

노래 17 **우리는 싫다 : 코러스**

싫다 싫다 우리는 싫다 (싫다!) 감상적인 사장은 싫다(싫다!)

아무것도 모르는 사장 해야 할 일 모르는 (철없는 사장!)

해라 해라 해결을 해라 (해라!) 할 일 모르는 철없는 사장 (싫다!)

필요 없다 아무것도 모르는 기분파 사장 (싫다 싫다 싫다 싫다)

싫다~

우리는 원해 안정적인 회사에서 안정적으로 일하길 원해 (원해!)

정당하게 해야 할 일을 다 하며 세상을 살아 갈 것이다

간주

내려라 월급 삼십프로 올린 것 다시 내려라

우리는 일주일에 5일 일할 거야 4일 아니야

여행비용 필요 없다 우리는 여행 가지 않아

우리는 일만 할 것이다

내려라 월급 삼십프로 올린 것 다시 내려라

우리는 일주일에 5일 일할 거야 4일 아니야

여행비용 필요 없다 우리는 여행 가지 않아

우리는 일만 할 것이다

김대리   아니. 이것 보세요. 놀자는데 싫어하는 사람들이 어디에 있습니까?

총무부장   놀자구요? 왜 놉니까? 우리가 할 일이 없습니까? 분명 할 일이 있는데 왜 논단 말입니까? 그러다 회사 문 닫으면 누가 책임집니까?

안됩니다. 이렇게 함부로 회사를 운영하는 것을 이해할 수 없습니다.

김대리 알겠습니다. 알겠습니다. 그럼 내가 사표 내면 되는 것 아닙니까? 난 안합니다. 안 한다구요. 나 그렇지 않아도 세계 일주하려던 참인데, 참 무슨 일이 이렇게 된다냐?

　　　사표 써서 총무부장에게 주며

김대리 자 이제 당신이 이 회사 사장을 하시오. 나는 이제 떠날 테니까.

총무부장 아니. 저 제 얘기는 그런 것이 아니라.

김대리 그러니까 내가 떠나면 모든 것이 해결되잖아요.

총무부장 아니 글쎄 그것이

김대리 그게 뭐라고요?

총무부장 그러니까 제 얘기는 그 저

김대리 그래 알았어요 알았어. (총무부장을 밀어 내고 옆 사람을 끌어내서) 그렇다면 당신이 사장을 하시오. 좋은 회사를 만들어 주시오. 사장님.

　　　암전.

#9 – 길거리 ————————————————

조명 인되며 다시 길거리 노래.

노래5 Re. 길거리 : 코러스

김 대리 등장.

김대리 아이고. 깜짝 놀랐네. 정신없어. 그나저나 이게 무슨 일이지? 아침부터 사표를 내지 않나? 복권을 받아서 부자가 되지 않나? 게다가 사장까지. 그리고 또 사표. 정말 정신없는 하루로군. 가만있어봐. 그런데 지금 내가 뭔가를 하다가 말았는데. 그래 세계여행. (전화를 꺼내서) 여보세요. 아, 남 대리. 아니 남 대리님. 네 저예요. 어디 계세요? 빨리 나오세요. 나 이제 더 이상 사장 아니에요. 얼른 비엠더블유 사러 가자고요. 아니 농담이 아니라 어서 출발해야죠. 아니 왜 그러세요? 네? 아니에요. 조금 전에는 그냥 한 번 해 본 얘기죠. 내 생각은 언제나 변함이 없어요. 남 대리님과 함께 세계일주하고 돌아오는 것이죠. 저기요. 아니에요. 사실이에요. 남 대리님. 네. 알았어요. 그럼 혼자라도 떠나야죠. 네. 안녕히 계세요. (잠시 좌절.) 그래. 기왕 떠나기로 했던 거, 나 혼자라도 떠나야겠다. (전화를 꺼내 전화를 건다.) 여보세요? 여행사죠? 여행을 떠나려는데요. 네. 내일 당장 떠나고 싶거든요. 유럽이나 아니면 남미? 아니, 차라리 아프리카는 어때요? 네. 좋죠. 당장 갈게요. 네. 네? 여권이요? 그리고 남미나 아프리카는 비자도 필요하다고요? 나 여권 어디 있는지 모르는데 …… 그럼 언제 떠날 수 있어요? 일주일이나 한 달이요? 아니 여보세요. 나 돈 있어요. 얼마든지 낼 수 있으니까 당장 자리를 만들어 봐요. 내가 열 배 낼게요. 뭐라고요? 네. 네. 네. 알겠습니다.

노래18 **괜찮아 : 김대리**
괜찮아 모든 게 괜찮아 떠날 수 있을 거야
세상 어차피 이렇게 엉망인 걸 이렇게
그까짓 여행 못 가는 것도 아니고
남 대리 너 혼자 남자인건 아니니까
괜찮아 괜찮아 괜찮아 나 정말 괜찮아 괜찮아
나에겐 모든 게 다 있어 정말로 모든 게 다 있어
돈도 있고 시간도 있고 또 가족도 있고

갑자기 가족이 생각났다. 엄마에게 전화.

김대리 (갑자기 눈물이 난다. 눈물을 흘리며) 엄마. 나야. 엄마 잘 지내지? 미안해. 자주 연락도 못하고. 나 사장됐어. 그래 사장. 아니 참, 그만 됐어. 농담 아니야. 진짜라니까. 조금 전에 우리 회사 사장됐다가 또 그만 됐어. 그리고 나 복권 당첨됐어. 120억이야. 그럼 큰돈이지. 엄마 내가 집도 새로 사주고 차도 새로 사주고 뭐든지 엄마가 해달라는 것 다 해줄게. 아니 농담 아니라니까. 이거 정말이라고. (울컥한다. 뭔가 모르게 폭발한다. 엄마니까.) 정말이야. 엄마. 엄마까지 왜 이래? 내가 언제

엄마한테 이런 농담했어? 정말이라고. 내가 조금 전에 우리 회사 그만 두려다가 사장님이 나에게 사장을 하라고 해서 사장을 하다가 또 내가 직원들이 …… (더 이상 말을 할 수 없다. 운다.) 엄마, 미안해. 미안해. 하지만 이거 거짓말 아니야. 그리고 내가 120억 복권 당첨된 것도 거짓말 아니야. 엄마 미안해. 내가 다시 전화 걸게.

> 괜찮아 정말이야 나는 괜찮아 정말 괜찮아
> 맘대로 내가 원하는 걸 다 할 수는 없잖아
> 돈으로 모든 걸 다 할 수는 없잖아
> 천천히 여유를 가지고 생각을 하자
> 너무 급하게 하다 보면 문제가 생겨
> 차분하게 하나씩 생각하면서 풀어가자
> 얼마든지 해결할 수 있어 아무 문제 되지 않아
> 잘 해결될 거야 아니 잘 해결해야지
> 나는 할 수 있어

김대리 그래. 다 잘 될 거야. 나 돈 있는데 뭐. 120억. 생각만 해도 뿌듯한 120억. 안 되는 일이 뭐가 있어? 남자? 안 되면 사지 뭐. 그리고 여행, 여행 가면 되잖아. 에휴, 어쨌든 돈 가지고도 안 되는 일이 있구나.

> 할머니 등장.

김대리 아니, 할머니.

할머니 어때? 재미있어?

김대리 예?

할머니 잘 돼가고 있냐구?

김대리 아니요. 뭔가 잘 안 되고 있어요.

할머니 왜? 뭐가 문젠데? 돈만 있으면 다 해결되는 것 아니었어? 아이고 얼굴이 왜 그렇게 우울해 보여? 아침에 출근할 때보다 더 나쁜 얼굴이네. 내가 그 얼굴 펴 주려고 행운을 가져다 주었는데 그 행운이 해결책이 아닌가 보군. 그럼 그 행운 회수해야겠네.

김대리 예? 안 돼요. 할머니! 절대!

할머니 그럼 어떻게 할 건데? 나는 처녀가 웃음을 되찾으라고 행운을 준 건데 웃음을 되찾지 못한다면 행운도 필요 없잖아. 회수하는 게 정상이지.

김대리 안 돼요. 웃을게요.

웃는다.

할머니 그렇게 웃어서 되겠어? 뭔가 시원하게 웃어야지.

김대리 이렇게요?

더 웃는다.

할머니 좋아. 그러면 이렇게 하지. 시간을 조금 더 줄 테니까 스스로 해결해 봐. 왜 얼굴에서 표정이 없어졌는지 이유를 찾아서 해결하라고. 그래서 웃는 얼굴을 다시 찾으면 모든 걸 그대로 남겨 두고, 만일 찾지 못한다면 아침에 주었던 행운도 다시 회수한다. 알았지? 그럼 잘해봐.

할머니 퇴장.

김대리 안 돼. 이건 말도 안 돼. 난 직장도 뛰쳐나왔는데 이제 돈까지 회수 당하면? 아이 끔찍해. 갑자기 뭐가 이렇게 꼬였지? 해결책을 찾아야 해. 웃어야 해. 웃어. 가만, 생각부터 해보자. 내가 언제부터 웃지 않게 되었는지.

#1 입사 인터뷰 장면부터 다시 시작된다. 무대 부산해지며 첫 인터뷰 장면 다시 시작. 차이는 마지막에 김 대리에게 질문이 주어지고 이때에는 다른 사람은 모두 조용하고 오직 김 대리만이 말을 한다.

면접관 그래 만일 우리 회사에 채용되면 어떻게 할지 한번 얘기해 볼까요?
김대리 무라카미 류의 소설 『식스티나인』에 즐겁게 사는 게 이기는 거야라는 말이 나옵니다. 즐겁고 긍정적인 마음은 긍정적인 결과를 가져온다고 믿습니다. 저는 언제나 즐기면서 일을 하고 힘든 일이 있을수록 더욱 더 웃으려고 노력합니다. 웃음은 행운을 가져다준다고 굳게 믿기 때문입니다. 또한 저의 웃음 바이러스가 주위 사람들에게로 퍼져 그들 모두의 엔돌핀도 상승시킬 것입니다. 무엇이든지 즐기면서 하려는 마음이 있다면 고난도 극복할 수 있고 못 해낼 일이 없을 것이라고 생각합니다. 현재의 저는 100% 준비되어 있지는 않을 것입니다. 그러나 채워야 할 빈자리를 알고 끊임없이 노력하여 회사가 진정으로 필요로 하는 인재인 발전적이고 독창적인 사원이 되겠습니다. 그리고 글로벌 시대에 맞게 영어와 중국어 등 외국어 연마에도 힘써서 세계 속의 기업이 되는 것에 중추적인 역할을 하겠습니다. 이 회사와 귀한 인연이 되어 만나 뵙게 되기를 간절히 기도하겠습니다.

> 잠시. 전화벨이 울리고 일제히 폰을 꺼내 전화를 받는다. 이후도 앞 장면과 동일하다. 단 김 대리는 이 마임 장면에 참가하지 않거나 혹은 참가하면서 자신의 연기를 하기도 하지만 수시로 주변을 관찰하고 자신을 관찰한다. 필요에 따라 스톱을 외치고 연기를 멈춘 후 사람들을 또는 자신을 관찰할 수도 있다. 그러면서 자신의 얼굴에 표정이 없어져가는 것을 깨닫게 된다. 마임이 진행되어 사람들 얼굴이 모두 무표정하게 되었을 때.

김대리   그래, 바로 이거야. 내 마음이야. 내 삶이 즐겁게 살려는 내 마음을 패배시킨거야. 그래서 내 얼굴이 무표정해진 거야.

노래19 그래 바로 이거였어 : 김대리
나는 무슨 생각을 했었나 나는 무엇을 원했었나
열심히 일하고 즐겁게 일하고 웃으며 일하고
주변에 웃음 나누어 주고 엔돌핀 돌게 하고
외국어도 열심히 하고 독창적이고 발전적이고

김대리 이것이 처음 내 마음이었어. 하지만 매일 똑같이 반복되는 지루한 일들, 업무가 많아서 피곤해 지고, 쉬고 싶을 때조차 마음 편하게 쉴 수도 없고, 수시로 부딪치는 상사의 잔소리 동료와의 언쟁 그리고 후배들의 추월. 신경 쓸 일이 너무 많아. 내가 왜 일하는지 생각도 하지 못하면서 일에 끌려 다니게 됐지. 삶에는 변화가 없어지고 그냥 습관이 됐어. 즐겁게 즐기면서 웃으며 긍정적으로 살려던 내 마음은 어디론가 사라졌고.

> 지루해 매일이 똑같아 지루해 삶에 변화가 없어
> 아침에 일어나 밥 먹고 출근하고
> 점심시간에 밥 먹고 일하다 퇴근하고
> 저녁에 밥 먹고 티비 보다 잠들고
> 가끔씩 친구도 만나고 애인도 만나고
> 가족들과 여행도 떠나고 수다도 떨지만
> 그건 그때뿐 돌아서면 다시 시작되는 일상
> 매일매일 반복되는 지루한 일상
> 아침에 일어나 밥 먹고 출근하고
> 점심시간에 밥 먹고 일하다 퇴근하고
> 저녁에 밥 먹고 티비 보다 잠들고
> 아침에 일어나 밥 먹고 출근하고

김대리 할머니! 할머니 어디 계세요? 찾았어요. 할머니! 이제 웃을 수 있어요. 왜 내 얼굴에서 웃음이 사라졌는지 이제 알았어요. 확실하게 알았어요. 어디 계세요?

우리 마음은 연약한 전쟁터 끊임없이 스트레스가 침범하지

우리 마음엔 뿌리가 없어 흔드는 대로 흔들리지

이리저리 흔들리고 흔들리다 보면

혼란스럽고 어지러워져 길을 잃고 헤매지

삶은 수시로 우리 다릴 걸어 넘어뜨리고

우리를 늪에 빠뜨리고 즐거워하지

삶은 심술쟁이 우리를 괴롭히는 취미를 가진

삶은 악동 우리를 괴롭히며 희열을 느끼는

나는 패배했어 많은 걸 잃었어

목표를 잃고 부표처럼 끌려왔어

나는 패배했어 내 인생의 싸움에서

삶이 이끄는 대로 생각 없이 끌려왔어

하지만

이건 1차전일 뿐 2차전이 남아 있어

나는 이제 알아 내 삶의 주인은 나라는 걸

내 삶은 내가 계획하고 나를 끌고 간다는 걸

넘어뜨리는 건 삶이지만 일어서야 하는 건 나라는 걸

나는 이제 알아 어떻게 웃음 되찾을지

모두 내게 달려 있어 모든 건 내가 하기에 달려 있어

내 마음을 찾으면 되는 거야

즐겁게 즐기면서 웃으며 긍정적으로

부딪쳐도 괜찮아 쓰러져도 괜찮아

다시 일어서면 되는 거야 다시 출발하면 되는 거야

즐겁게 즐기면서 웃으며 긍정적으로

즐겁게 즐기면서 웃으며 긍정적으로

아무리 삶이 나를 지치게 하고 아프게 해도 괜찮아

다시 웃으면 되니까 다시 일어서면 되니까

모든 건 내가 하기에 달려 있으니까

즐겁게 즐기면서 웃으며 긍정적으로

즐겁게 즐기면서 웃으며 긍정적으로

암전.

#10 — 에필로그 ————————————————————

#2 출근 장면이 반복된다. 기본적으로 무대가 동일하다. 즉 무대 위에 침대들이 있고 그 위에 배우들이 잠을 자고 있다. 하지만 이 장면은 앞과는 다르게 구성될 것이며, 서로 다른 두 가지 방법으로 구성이 가능할 것이다. 하나는 전체를 긍정적인 사람들로, 다른 하나는 긍정과 부정적인 사람들을 섞어서. 어쨌든 암전에서 알람 소리 울리고 침대에서 사람들 반응하고 앞 장면과 동일하다. 각각 장단점이 있지만 대비를 시킴으로써 긍정을 강조할 수 있는 두 번째 방법이 더 효과적이지 않을까 생각한다(그리고 이 장면에는 노래가 없다. 다소간 뮤지컬 기본 공식에 어긋나지만 노래가 없는 대신, 음악과 배우들의 연기로 충분히 마지막 장면 구성이 가능하리라 본다).

끝.

연극

사깨다이
(사랑이 깨지는 다섯 가지 이유)

등장인물

여자1 / 남자가 떠난 여자

여자2 / 성격차이(무언파)로 실연한 여자

여자3 / 성격차이(무노파)로 실연한 여자

여자4 / 성격차이(집착)로 실연한 여자

여자5 / out of sight out of mind 로 실연한 여자

여자6 / 실연클럽 주최자

남자

무대

무대는 일단 어느 건물 옥상이다. 옥상에 실연녀들이 모여 실연클럽을 창단하는 장소이다.

구성의도

이 작품은 남과 여에 대한 이야기이다. 한 없이 반복되고 반복되는 동서고금의 오랜 이야기. 남과 여. 이 작품은 남과 여가 어떻게 행복해질 수 있을까에 초점이 맞추어져 있다.

어떻게 남녀가 행복할 수 있을까? 이 연극의 마지막 부분에는 토론이 담겨있다. 공연을 관람한 모든 관객들과 배우들이 함께 하는 토론. 한 시간쯤 토론하면 답이 나올까? ……

#1 – 그대가 떠난 녀(女) ─────────

〈나 그대에게 모두 드리리〉 음악 흐르며 파도 소리. 바닷가.

여1 나 잡아 봐라.

남 알았어.

잠시 뛰고 놀다가 남자가 여자를 잡고

남 잡았다.

여1 아이.

남 어디 아파?

여1 아이 몰라앙.

남 어디가 아픈데?

여1 몰라 몰라 몰라.

전화벨, 남자 핸드폰 꺼내 보고.

남 자, 자기야, 나 잠깐 화장실 좀.

여1 응, 알았어. 빨리 갔다 와.

남자 퇴장. 잠시 후 자전거 타고 등장.

여1 웬 자전거?

남 화장실 갔다 오는 길에 버려져 있기에. 자전거 탈까?

여1 나 어릴 때 이후로 안 타봤는데. 나 타는 법 좀 가르쳐 줘야 돼.

남 알았어.

자전거 태워 준다. 다시 벨소리. 남자가 자전거 잡고 있던 손을 놓자 자전거와
여자는 넘어진다.

여1 아아아악! 자기야! 놓으면 어떡해!?

남 어? 어? 아 미안. 자 …… 자기야 나 신호 온다. 나, 화장실 갔다 올
게! (넘어진 여자 일으켜 줄 생각도 하지 않고 자전거를 뺏어 타고 여자가 대답
하기도 전에 페달 밟기 시작.)

여1 어? 뭐, 뭐야?

남 미안, 금방 올게 자기야～～～～

여1 얼마나 급하기에 화장실 가는데 자전거까지 타고 갈까.

잠시 후 남자 배드민턴을 들고 들어온다.

남 많이 기다렸어?

여1 조금 …… 배는 괜찮아? 볼 일 이제 다 본거야?

남 응. 이제 괜찮아.

여1 정말 괜찮아?

남 응. 이제 괜찮아

여1 ······ 쌀만큼 다 싼 거야?

남 응. 이제 괜찮아! 우리 배드민턴 칠까?

여1 그래.

남자와 여1 공을 주고받는다. 잠시 후 다시 벨소리. 남자 전화 받고.

여1 어어? 공 받아야지!

남 자, 잠깐만. 전화가 오네.

여1 응? 그래, 받아. (혼자 아쉬워하며) 에잇, 회심의 일격이었는데.

남 아, 아니 그게. 그러니까. 아. 알았어. 으응. 아니야. 응. (전화를 받으며 슬슬 무대 바깥으로 움직인다.)

여1 어디가?

남 (전화 끊으며) 화, 화장실 ······

여1 괜찮다며?

남 괜찮은 줄 알았어 ······

여1 내가 약 사올까?

남 아니.

여1 그래도 약 먹어야지.

남 아니.

여1 그래도 ······

남 아니. 금방 화장실 갔다 오면 괜찮아질 거야.

남자 몸을 배배 꼬면서 무대 밖으로 퇴장. 잠시 후 다시 등장.

남 나 다시 왔어.

여1 이제 괜찮아? 내가 약국이라도 다녀올까?

남 아니 괜찮아.

여1 정말?

남 그래. (아무렇지도 않게 일상적으로) 그리고 나 사실 다른 애인 생겼어.

여1 뭐라고?

남 그동안 우리 서로 즐거운 일도 많았지만 우리는 서로에게 인연이 아닌 것 같아.

여1 뭐라고?

남 그 뭐랄까. 우리는 서로 취향도 다르고 좋아하는 음식도 다르고 생각하는 방식도 다르고

여1 뭐라고?

남 게다가 타이밍도 제대로 맞지 않아서, 내가 애걸복걸할 때 자긴 나를 쳐다보지도 않았는데 자기가 날 좋아하니까 나는 다른 여자가 보이더라.

여1 뭐라고? 그러니까 지금 우리 헤어지자는 얘기? 난 그렇게 못해?

남 뭐라고?

여1 난 똑같은 얘기 반복하기 싫어.

남 뭐라고?

여1 헤어질 생각은 절대 하지 말고 그냥 내 옆에 껌처럼 붙어 있어.

남 참 내가 새 애인 소개해 줄게. 자기야~~~

여자2가 가면으로 얼굴 가리고 등장. 무대를 한 바퀴 돌아 남자의 팔짱을 끼고

둘이 나간다. 나가다가 여자2는 가면을 벗어서 남자에게 주고 남자는 그 가면을 그대로 받아 들고 혼자 퇴장.

여2 (퇴장하는 남자 뒤통수에 대고) 아니 그래서 저 놈을 그냥 가라고 뒀단 말이야?

여1 그럼 다른 사람 생겼다는데 잡아?

여2 아니 아니!! 그게 아니라 시원하게 한 방 먹여 줬어야 할 거 아니야.

여1 놔둬. 이미 마음 떠난 사람인 걸. 쿨 하게 보내줘야지.

여2 쿨은 무슨 쿨?

여1 내가 너무 쿨 한가? 에이씨. 그럼 가다가 확 개한테나 물려라.

여2 (남자 뒤에 대고) 야! 야! 야 이 자식아 이리 와봐! 이리 와보라고! 야 이 책임감 없는 놈아!!

여1 놔둬 …… 남자가 다 그렇지 뭐. 뒷간 들어갈 때 다르고 나올 때 다르단 말이 딱이야 딱.

여2 물러 터져서는!

여1 사실은 내가 저 놈을 만나기 전에 점을 보러 갔었는데 ……

점집이 재현된다. 여3 점쟁이 역할로 등장.

여3 그래, 무슨 일로 왔는고? 아니, 아니. 얘기하지 마, 말 안 해도 다 아니까.

여1 예 그러니까요. 그게 ……

여3 어허, 아무 얘기 하지 말라니까. 내가 다 알아맞힌다고. 그러니까 어디 보자, 남자가 ……

여1   어머! 어떻게 아셨어요? 저한테 언제 운명의 남자가 나타날지 궁금해서 왔는데.

여3   에 그러니까 나이가 스물 ……

여1   어머! 맞아요 스물 일곱. 정말 잘 맞추시네요. 제 운명의 남자는 언제 나타날까요?

여3   그러니까 키가 크고

여1   어머! 어머! 제가 키 큰 남자 좋아하는 건 또 어찌 아시고 …… 전 키 큰 남자 너무 좋아해요.

여3   얼굴이 참.

여1   어머! 그래요, 그래 얼굴이 귀여운 남자가 좋죠. 전 사실 그런 남자를 기다리고 있는데 언제 나타날까요? 전 그런 남자와 영원한 사랑을 하고 싶어요.

여3   자 그럼 한 번 잡아볼까?

여1   자, 그럼 복채를 두둑하게.

    돈뭉치 한 다발을 꺼내 놓는다.

여3   옳지, 그렇지 그렇지, 내가 사람을 잘 봐 역시.

여1   얼른 봐 주세요.

여3   (점괘를 흔들며) 나와라, 나와라.

    멈추어서

여3 복채가 부족한가? 흠, 잘 안 나오네.

여1 그래요? 그럼

또 한 뭉치 올린다. 여3 또 흔든다.

여3 (멈추어서 고개를 저으며) 여전히 잘 안 나와. 아직도 복채가 부족한가?

여1 그래요? 그럼 더

또 한 뭉치 여3 흔들다가 멈추자.

여1 그만하지, 이제?

여3 헛, (다시 흔들고) 나왔다. 이 남자와는 으으음 …… 좋아하는 티를 내지 마라!

분위기가 바뀐다.

여1 그래서 나는 그가 내 이상형임에도 불구하고 사귀는 내내 좋아하는 티를 내지 않았어. 그러다 어느 날 남자가 내가 자기를 좋아하지 않는 것 같다며 힘들다는 거야. 그래서 에이 까짓 거 설마 진짜 헤어질까 싶었지. 그래서 아니라고 너를 좋아한다고. 그때부터 내 마음을 표현하기 시작했지. 하자는 대로, 해 달라는 대로, 있는 것 없는 것 다 해 줬지.

여3 너 참 바보로구나.

여1 뭐라고 바보?

여3 그래 바보! 연애의 첫 원칙, 절대로 무조건 달라는 대로 다 주지 마라! 내가 뭐하나 물어볼게.

여1 갑자기 뭘 물어봐?

여3 자 여자들이 바람이 많이 나는 계절은 언제일까요?

여1 그런 계절이 따로 있나? 글쎄 …… 봄?

여3 딩동댕, 맞았습니다.

여1 왜?

여3 왜냐하면 봄에는 태양광이 강해지고 그에 따라 여자들의 생식욕구가 강해져서 여자들이 특히 봄에 바람이 많이 난다는 거야. 자 그러면, 남자는 어느 계절에 바람이 가장 많이 날까요.?

여1 여자가 봄이니까 …… 남자는 가을?

여3 땡.

여1 그럼 여름?

여3 땡.

여1 그럼 겨울?

여3 땡.

여1 그럼? 봄?

여3 땡! 일 년 사계절 내내! 남자는 종족번식 욕구가 항상 강하기 때문에 일 년 내내 때와 장소를 가리지 않고 바람피울 기회를 노린다는 거지, 마치 동네 개들이 일 년 내내 온 동네 다니면서 오줌 싸 놓는 것과 같다고나 할까?

여1 오 어쩐지 저 놈이 나하고 만나면서도 계속해서 주변의 모든 여자들에게 껄떡거리더라니.

여3 그래. 바로 그렇다니까. 그러니 일찌감치 꿈 깨고 혼자 살아. 그쪽이 편해.

여1 그래도 혼자 살면 외롭잖아.

여3 그냥 쉽게 생각하자. 살다 보면 만나고 헤어지고 다시 만나고 또 헤어지고 그렇게 사는 게 인생 아니겠니. 너무 괴로워 마.

여1 그래, 잊어야지 별 수 있니? 세상에 남자가 저 놈만 있는 것도 아니고. 그렇지만 아까 그놈이 만일 내 마지막 운명의 남자였다면 어쩌지? 흑……(번쩍 고개를 들며) 에라. 집에 가다가 개한테나 물려라.

여2 그래 그거 아주 좋다. (큰 소리로) 그래 물려라. 물려. 아주 꽉꽉 물려라. 지나가던 모든 개들한테 한 번씩 꽉꽉 물려라. 야 이 나쁜 놈아. 물려라.

여1 그런데 넌 왜 그렇게 흥분해?

여2 나? 아니 그럼 내가 지금 흥분 안 하게 생겼어? 같은 여자 입장에서 저런 놈을 보고 내가 흥분 안 하게 생겼냐고!! 하여간 여자 눈에 눈물 내는 놈들은 모조리 개한테 물려가야 돼. (앞으로 나서며) 물어라! 물어!

#2 – 무언파

조명 바뀌며 〈나 그대에게 모두 드리리〉 음악과 파도소리. 바닷가의 "나 잡아봐라"

여2 (얼굴 눈 가리며) 나 누구게?

남 누굴까? 이순이 ~

여2 (왜 맞췄냐는 듯이) 짜식 (퍽퍽)

남 윽……

여2 괜찮아? 별로 세게 안 때렸는데 …… 미안미안.

남 아, 아니야.

여2 아파?

남 아니야.

여2 정말 안 아픈 거지?

남 응. 그냥 솜방망이 같았는데 뭘.

여2 우리 사진이나 찍을까?

남 그러자.

여자 카메라를 꺼내 사진 몇 장 찍고 카메라에 찍힌 사진을 확인하며 설명한다.

여2 이 사진 봐봐. 표정들이랑 자세들이 재미있지. 여기 있는 친구들 다 고등학교 동창들이야. 우리 매년 두 번씩 고등학교 때 가까웠던 친구들 모임 있거든. 이거 며칠 전 모임에서 만났을 때 찍은 거야. 모두 얼마나 반가웠다고. (남자가 인상 쓰고 있는 것을 깨닫고) 왜 그래?

남 응? 아니 괜찮아.

여2 왜 뭔가 달라졌는데.

남 아니 괜찮아.

여2 아니야 말해봐. 뭔가 달라졌잖아. 뭐 기분 나쁜 일 있어? 그럼 내가 해결할게.

남 아니 괜찮아.

여2 정말이지? 그럼 계속 얘기한다. 여기 있는 얘는 지금 외국 기업에 다니고 있어. 월급 많이 받더라고. 나는 언제나 걔만큼 받을 수 있을지 몰라. 그리고 여기 내 옆에 있는 얘 (남자가 신경 쓰인다.) 아니 뭔데? 왜 표정이 그런데?

남 아니 괜찮아.

여2 아니 자기 얼굴 지금 정말 괜찮지 않거든.

남 아니 괜찮아.

여2 지금 뭔가 이상하게 바뀌어 있잖아. 웃지도 않고 인상만 쓰고.

남 아니 괜찮아.

여2 정말 답답하네. 삼식 씨 제발 말을 해줘. 문제가 있으면 내가 고친다니까. 내가 고칠 테니까 말을 해 달라고.

남 아니 괜찮아.

여2 정말 괜찮은 거지?

남 아니 괜찮아

여2 (화가 나서) 아니, 전혀 괜찮지 않거든. 전혀! (여1, 3에게) 애들아, 너희들이 정상적인 남녀 관계 시범 좀 보여줘라.

여1 / 3 그러지.

여1은 여자, 여3은 남자가 되어 사진을 찍고 확인하다가 여3 멈춘다.

여3 자기 옆에 딱 달라붙어서 사진 찍은 이 남자 뭐야?

여1 응? 아아 고등학교 때부터 친했던 동창이야.

여3 고등학교 때부터면 오랜 사이네?

여1 응 그렇지.

여3 나보다 더 오래 안 사이네.

여1 응 그렇지.

여3 그래 꽤 잘생겼고

여1 응 그렇지.

여3 옷도 잘 입고.

여1 응 그렇지.

여3 부티도 나 보이고.

여1 응 그렇지.

여3 이렇게 어깨에 손도 떡 하니 올려놓고, 지금 그렇게 당당하게 말이 나오는 거야?

여1 응? 아니 그거야 친구니까 ……

여3 이런 괜찮은 남자가 그렇게 오랫동안 단순히 친구였다고?

여1 자기도 내 성격 알잖아. 내 성격이 어디 보통 여자 성격이야? 거기다 이놈 얼굴 값 한다고 눈도 무지하게 높고 중요한 건 그 녀석은 나를 친구 이상으론 보지도 않는다고.

여3 아하······ 그랬군. 이 남자는 자기한테 눈곱만치도 관심이 없는데 자기는 관심이 있다 이거구나.

여1 아니 그게 무슨 말이야? 그냥 친구라니까 친구!

여2 (여 1, 3을 가리키며) 스톱! 저렇게 진행돼야 하는 거 아니야? 설사 서로 의견이 맞지 않아서 약간 싸우는 한이 있더라도. 그래야 상대가 왜 불쾌한지를 알 거 아니냐고. 삼식 씨, 어떻게 생각해?

남 그래. 자기 말이 맞아. 알았어. 참고할게.

　　　여자 핸드폰 벨.

여2 아. 네 팀장님. 네? 아······ 네······ 예, 별 수 없죠 뭐. 여덟 시요? 네 그때까지 회사로 들어갈게요. 괜찮아요. 자주 있는 일도 아니잖아요. 혼자 하는 것도 아니고 팀장님도 같이 하실 텐데요 뭘. 맛있는 거 먹으면서 즐거운 밤샘해보죠. 네네 이따 뵙겠습니다.

남 팀장님?

여2 응.

남 아 그 새로 왔다는 젊은 팀장?

여2 응. 미안해. 팀장님이 내가 꼭 필요하다고 사무실에서 보자고 하시네. 오늘 밤새야 한다는데. 어쩌지······

남 괜찮아. 그럴 수도 있는 거지. 가기 전에 우리 즐거운 시간 보내야겠네?

여2 정말 미안해. 함께 즐겁게 보내려고 했는데.

남 괜찮아. 그럴 수도 있지. 그런데 사실 내가 오늘 자기에게 선물을 하나 준비했거든.

여2 선물? 무슨 선물인데?

남 응, 한 번 알아 맞춰봐.

여2 글쎄 뭘까? 가방?

남 노.

여2 목걸이?

남 노.

여2 옷?

남 노.

여2 시계?

남 노.

여2 그럼? 뭔데? 알려줘라.

남 알려 주면 재미없잖아. 알아 맞춰봐.

여2 글쎄 모르겠는데 …… 뭐야?

남 알아 맞춰봐.

여2 모자?

남 (표정이 바뀌며) 노.

여2 과자?

남 노.

여2 상자?

남 노.

여2 모르겠다. 근데 자기 표정이 왜 그래?

남 아니 괜찮아.

여2 설마 내가 선물이 뭔지 알아맞히지 못한다고 삐친 거야?

남 아니 괜찮아.

여2 그럼 뭔데? 왜 갑자기 얼굴이 그렇게 바뀌었는데?

남 아니 괜찮아.

여2 아니, 자기 얼굴 지금 문제 있어. 그래 내가 맞추지 못해서 미안해. 그럼 이제 알려줘. 그리고 나 조금 있다가 가야 하니까 제발 남은 시간 즐겁게 지내자. 진짜 미안해.

남 괜찮아

여2 아니 자기 얼굴에 괜찮지 않음 이렇게 쓰여 있는데.

남 괜찮아.

여2 내가 미안하다고 하잖아.

남 괜찮아.

여2 자기야.

남 괜찮아.

여2 자기야.

남 괜찮아.

여2 정말 미치겠군. 삼식 씨 괜찮지 않다고. 지금. 삼식 씨도 괜찮지 않고 그 때문에 나도 괜찮지 않게 됐다고. 삼식 씨가 뭣 때문에 괜찮지 않다고 나에게 정확하게 얘기하면 나도 뭔가 삼식 씨가 괜찮아질 수 있는 방법을 찾을 거 아니야? 그런데 삼식 씨는 무조건 괜찮다고 하잖아. 괜찮지 않으면서. 제발 말을 해라. 응? 말? 오케이?

남 괜찮아.

여2 (남 걷어차며) 야, 이 삼식아! (남자 스톱) 도대체 이놈이 뭐가 문젠지 알아야겠어. (여1에게) 최면!

여1 오케이. (핸드폰을 들고 휘저으며) 자 화면을 잘 보세요. 잘 따라오세요. 하나 둘 셋 하면 여러분은 잠이 듭니다. 하나 둘 셋!

여2와 남 쓰러진다. 그리고 대사.

남 사실 내가 오늘 자기에게 선물을 하나 준비했거든.

여2 선물? 무슨 선물인데?

남 응, 한 번 알아 맞춰봐.

여2 글쎄 뭘까? 가방?

남 노.

여2 목걸이?

남 노.

여2 옷?

남 노.

여2 시계?

남 노.

여2 그럼? 뭔데? 알려줘라.

남 알려 주면 재미없잖아. 알아 맞춰봐.

여2 글쎄 모르겠는데 …… 뭐야?

남 알아 맞춰봐.

여2 모자?

남 아니라고 그런 것 아니라고. 자기는 왜 내 마음을 그렇게 몰라. 다섯 번째에는 딱 맞혀야 되는 거잖아.

여2 응? 미안해. 아니 그런데 그게 화를 낼 일이야? 내가 첫 번째에 맞출 수도 있고 마지막까지 못 맞출 수도 있지? 어떻게 딱 다섯 번째에 정확하게 맞춰?

남 하여간 난 기분 나빠. 난 다섯 번째가 좋아. 첫 번째도 안 되고 마지막도 안 돼. 꼭 다섯 번째에 맞추어야 해.

여1 (얼른 깨운다) 하나 둘 셋.

남과 여2 깨어난다.

여2 (관객들에게) 참, 연극 좋죠? 현실에서도 이런 방법이 통하면 세상에 헤어지는 사람 없을 텐데. (친구들에게) 저렇다니까. 저렇게 할 얘기를 가슴 속에 가득 쌓아 두고도 절대로 얘길 안 해. 그리고 괜찮아. 괜찮아만 반복한다니까. (남에게) 삼식 씨, 이제 제발 말 좀 하자고. 오케이?

남 그래. 알았어. 우리 웃으면서 즐겁게 남은 시간 보내자.

여자 핸드폰에서 배터리를 분리시킨다. 다시 남자 표정 급변.

여2 왜?

남 괜찮아.

여2 아니 지금 얼굴이 또 갑자기 급변했잖아. 왜 그러는데. 뭐 잘못되기라도 했어?

남 아니 괜찮아.

여2 지금 네 얼굴을 보라고. (객석으로 가서 관객에게) 이 얼굴이 정상인 것처럼 보이세요?

남 괜찮아.

여2 야, 삼식아!

남 괜찮아.

여2 왜 그러는데 또! 설마 내가 배터리 뺀 것 때문에 그러는 건 아니겠지?

남 아냐······ 괜찮아.

여2 야! 이 개%$^&^%!

　　　　남자 쫓기듯 뛰어 나간다.

여2 괜찮다는 건 정말 거짓이야. 어느 날 밤, 저 인간이 술이 만땅이 돼서 날 찾아왔어.

　　　　남자 옷을 약간 풀어 헤치고 등장.

여2 삼식 씨 대체 무슨 일이야? 안 마시던 술을 이렇게나 마시고. 어휴 대체 지금 시간이 몇 시야?

남 왜? 그래서 싫어?

여2 아니 그게 아니고. 왜 회사에서 무슨 일 있었어?

남 이순 씨······

여2 응?

남 나 그동안 말은 안 했는데 가끔 이순 씨한테 섭섭한 게 있었다.

여2 그래? 한 번도 그런 얘기 한 적 없었는데. 언제나 괜찮아 괜찮아 만 했잖아.

남 남자의 마음은 그렇게 단순하지 않아. 그 속에 들은 말을 생각해야지.

여2 그래서 내가 자꾸 물었잖아. 괜찮냐고. 그런데 계속 괜찮다며?

남 얘기할까?

여2 그래. 얘기해봐.

남 에이 괜찮아.

여2 또! 얘기하라고.

남 에이 괜찮아.

여2 얘기하라니까!

남 있잖아. 난 자기가 화장을 하지 않기를 바라. 그런데 자기는 화장을 진하게 해. 난 손잡고 걸어 갈 때 내 오른손을 잡기를 바라. 그런데 자기는 계속 왼손을 잡아. 난 앉을 때 마주 보고 앉기를 바라. 그런데 자기는 계속 옆에 앉아. 난 왼손잡이라 밥이 오른쪽 국이 왼쪽이야. 그런데 자기는 계속 반대로 놔. 게다가 난 소를 좋아하지만 자기는 돼지를 더 좋아하지. 난 전화하는 걸 좋아하지만 자기는 문자 쓰는 걸 좋아하고, 자기는 맥주를 좋아하지만 난 소주를 더 좋아하고, 난 멜로를 좋아하지만 자기는 액션을 좋아하고, 난 호러를 싫어하지만 자기는 좋아하고, 난 외출하는 걸 좋아하지만 자기는 싫어하고, 난 자기가 치마를 입길 바라지만 자기는 치마라면 질색이고.

여2 (말 자르며) 그게 다 서운한 것들이었어? 지금까지 한 번도 그런 얘기 한 적 없는데?

남 아니야······ 괜찮아.

여2 야, 네가 지금 서운하다고 말했잖아. 그리고 지금까지 단 한 번도 그런 것들이 싫다고 말하지 않았잖아. 아, 그래서 수시로 얼굴이 구겨졌었구나. 그리고 내가 왜 그러냐고 물으면, 꼭 괜찮아 그랬고.

남 괜찮아.

여2 괜찮지 않아! 괜찮지 않다고! 에이, 짜증 나. 야 관둬, 관두자고. 사라져.

남 자기.

여2 사라져!

남 내가 잘못했어. 다시는 안 그럴게.

여2 정말이지? 정말 다시는 안 그러지?

남 (애걸복걸) 응······ 정말 내가 잘못했어.

여2 그래. 자기. 미안해 헤어지자고 해서. 이제부턴 제발 말을 하자고. 응? 말을 하면 내가 뭐든지 고칠게. 응?

남 알았어.

여2 우리 뭐라도 먹으러 가자.

둘이 팔짱 끼고 나가다가 여자2는 돌아오고 남자는 퇴장.

여2 그 다음에 어떻게 됐겠니?

여1 잘 됐으면 네가 여기에 올라 왔겠니?

여2 그렇지.

여3 왜 저렇게 말을 안 할까?

여1 저런 남자와 똑같은 여자가 만나면 어떨까?

여1과 3은 각각 남녀가 되어 재미있게 놀다가 삐쳐서 인상쓰며

여1 괜찮아.

여3 괜찮아.

여1 괜찮아.

여3 괜찮아.

여1 괜찮아.

여3 괜찮아.

여1 짜증난다. 그만 하자.

여2 나도 처음엔 이해하려 많이 노력했어. 뭐 싸움을 싫어해서 충돌을 피하려고 하는가 보다. 속 좁은 남자로 보이기 싫어서 그런가 보다 했어. 거기다 다시 사귈 땐 나도 정말 노력 많이 했다고! 화장도 안하고 입기 싫은 치마도 입어주고 여하튼 노력했다고! 그런데 계속 괜찮다는데 어떡해? 오만상을 다 쓰면서도 괜찮다는데.

여1 어쩌겠니. 저 남자 성격이 저런 걸.

여2 저놈에게 하도 질려서 이젠 길 가다가도 누가 괜찮다고 하면 한대 쥐어박고 싶다니까.

여3 괜찮아, 괜찮아, 곧 괜찮아 질 거야.

여2 (여3을 따라가며) 뭐라고?

여3 (도망가며) 엉 엉 엉 …….

여4 뭐야? 왜 그래?

여2 난 아니야. 난 아무 짓도 안했어.

여3 슬퍼서 운다. 아니 짜증나서 운다.

여1 무슨 일인데?

#3 – 무노파

다시 〈나 그대에게 모두 드리리〉 흐르며 바닷가

여3　나 잡아 봐라~~~
남　잡히면 뽀뽀!

잠시 뛰고 놀다가 남자가 여자를 잡고

남　잡았다, 잡았으니까 뽀뽀. (입술 들이민다)
여3　아이 사람도 많은데. 몰라 몰라. (가슴 퍽퍽치며)
남　어디 아파?
여3　아이 몰라.
남　진짜 아파?
여3　아이 몰라잉.
남　모르겠으면 병원 고고싱?
여3　아니이 몰라아.
남　허허허허 ……

이때 울리는 전화벨

남　여보세요? 네. 네. 네. 네. 네. 네. 네. 네. 네. 네. 네. 네. 네.

전화 끊는다.

여3 무슨 전화야?

남 엄마 전화.

여3 그런데 뭘 그렇게 네만 하다가 말아?

남 엄마가 그렇게 질문을 하잖아.

여3 무슨 질문이었는데?

남 그러니까 내가 네를 몇 번 했지?

여3 글쎄.

남 (잠시 생각하다가 관객에게) 제가 네를 몇 번 했어요? (관객이 대답한다. 답이 없으면 자연스럽게 이끌어 나가며) 13번.

여3 그런데?

남 우선 엄마가 묻잖아.

여4 등장해서 가면 쓰고 엄마 역할.

여4 삼식이냐?

남 네.

여4 밥은 먹었고?

남 네.

여4 잘 지내고 있냐?

남 네.

여4 잘 지내고 있다고?

남 네.

여4 분명하지. 잘 지내고 있는 게?

남 네.

여4 그렇게 네만 하지 말고 확실하게 잘 지내는 거 맞지?

남 네.

여4 아니 그렇게 네만 하지 말고 확실하게 잘 지내는 게 맞냐고?

남 네.

여4 넌 그렇게 할 줄 아는 말이 네 밖에 없니? 네만 하지 말고 확실하게 잘 지내지?

남 네.

여4 정말이냐?

남 네.

여4 믿어도 되냐?

남 네.

여4 확실하지?

남 네.

여4 그래 알았다. 잘 지내라.

남 네.

여4 연락도 자주 하고. (대사 끝나고 여 1, 2와 어울린다.)

남 네. (여3에게) 봐. 13번 맞지?

여3 그래. 맞네. 삼식 씨 그러고 보니까 우리 처음 만났을 때 생각난다. 진작 알아봤어야 하는 건데 ……

여4 메뉴판과 의자를 들고 들어온다.

여4 앉으시죠. 무얼 주문하시겠습니까?

여3 (남자에게) 뭘 드시겠어요?

남 아무 거나 골라 주시는 대로 먹겠습니다.

여3 터프하시네요. 비프스테이크 어떠세요?

남 아니요.

여3 그럼 돈가스?

남 아니요.

여3 그럼 스파게티?

남 아니요.

여3 그럼 짜장면?

남 아니요.

여3 그럼 뭘 드신다고? 제가 고르라면서요?

남 하하 제가 먹을 건 제가 고르죠. 뭘 드시겠습니까?

여3 글쎄요. 저도 골라 주시는 걸로 먹을 게요.

남 쿨 하시네요. 그럼 비프스테이크?

여3 아니요.

남 그럼 돈가스

여3 아니요.

남 그럼 스파게티?

여3 아니요.

남 그럼 짜장면?

여3 아니요.

남 그럼 각자 알아서 시키죠.

여3 그러죠. 근데 여기 음식 값 꽤 비싼데요.

남 (메뉴판 보고) 비싸긴 뭐가 비싸요. 이 정도면 평균 약간 넘죠. 그나저나 여기 음식 종류 많네요.

여3 (메뉴판 보고) 많긴 뭐가 많아요? 이 정도면 평균 약간 넘죠. 그나저나 비프스테이크 되게 맛있어 보이죠?

남 (메뉴판 보고) 맛있기는 뭐가 맛있어 보여요? 그냥 그렇네요. 그나저나 여기 소고기는 호주산 같은데.

여3 (메뉴판 보고) 호주산은 무슨? 내가 보기엔 미국산 같은데. 그나저나 이 집에서는 김치도 주는 것 같네요.

남 (메뉴판 보고) 김치는 무슨? 단무지나 주겠죠. 그나저나 이 메뉴 사진 참 잘 찍었네요.

여3 (메뉴판 보고) 잘 찍기는 무슨? 그냥 그러네요. 그나저나 이 메뉴판 디자인 참 특이하죠?

남 (메뉴판 보고) 특이하기는 무슨? 메뉴판이 다 비슷비슷하게 생겼지. 그나저나 여기 점심 메뉴는 꽤 싸네요.

여3 (메뉴판 보고) 꽤 싸기는 무슨? 어디 가나 점심에는 다 비슷하지. 그나저나 여기 주문하면 꽤 시간 걸릴 것 같죠? 종업원도 이 아가씨 하나밖에 없으니까.

남 꽤 시간이 걸리긴 무슨? 저 아가씨가 열심히 뛰어 다니면서 잘 가져다주겠죠.

여4 그나저나 혹시 메뉴 선택이 끝나셨는지?

여3 메뉴? 참 그래서 삼식 씨 뭐 먹기로 했어요?

남 아무 거나요.

여3 그럼 스테이크 맛있어 보이니까 비프스테이크 먹죠.

남 아니요. 돈가스 먹을래요.

여3 그럼 비프스테이크 하나. 돈가스 하나요. 그리고 (남에게) 음료수는? 콜라?

남 아니요. 사이다. 스테이크는 어떻게 익히랄까요? 잘?

여3 아니요. 중간. 살짝 맵게 해달랄까요?

남 아니요. 절대로 맵지 않게. 많이 달라고 할까요?

여3 아니요. 조금. 여기 약간 더운 것 같지 않아요?

남 아니요. 별로. 이 집 분위기 좋지 않아요

여3 아니요. 별로. 저기 저 창문 예쁘지요

남 아니요. 별로. 저기 저 장식 귀엽지요

여3 아니요. 별로. 저기 저 그림 멋있지요

남 아니요. 별로. 저기 저 꽃 정말 아름답지요

여3 아니요 별로. 저기 저 남자 잘 생겼지요

남 아니요. 별로. 저기 저 벽지 특이하지요

여3 아니요 별로. 우리 밥 먹고 영화 보러 갈까요

남 아니요. 당구나 치러가죠

여3 당구? 난 당구 별로 좋아하지 않는데. 우리 쇼핑이나 갈까요.

남 쇼핑? 난 쇼핑 별로 좋아하지 않는데. 우리 드라이브나 갈까요.

여3 드라이브? 난 드라이브 별로 좋아하지 않는데. 우리 야구장이나 가죠.

남 야구장? 난 야구장 별로 좋아하지 않는데. 우리 노래방이나 가죠.

여3 노래방? 난 노래방 별로 좋아하지 않는데. 우리 놀이공원이나 가죠.

남 놀이공원? 난 놀이공원 별로 좋아하지 않는데. 우리 커피숍이나 가죠.

여3 커피숍? 난 커피숍 별로 좋아하지 않는데. 우리 스케이트나 타러 가죠.

남 스케이트? 난 스케이트 별로 좋아하지 않는데. 우리 케이블카나 타죠.

여3 케이블카? 난 케이블카 별로 좋아하지 않는데. 우리.

여4 (끼어들며) 그만 하지?

여3 아니야. 우리는 각자 의견을 얘기하는 중이라고?

여4 그만해. 그만하라고. 그만 그만 그만. 너희들은 어떻게 그렇게 하나에서 열까지 서로 "노"만 하고 있니? 뭐라고 얘기하면 무조건 노! 노! 노! 노! 그게 의견이냐? 서로 무조건 반대하는 거지.

여3 아니야. 우리는 서로의 의견을 얘기하는 ······

여4 시끄러워. (메뉴판을 들고) 이게 무슨 색이지?

남 노란색.

여3 아니요, 옐로우!

여4 거봐.

여3 그게 아니라니까.

여4 시끄럽다고. (옷의 색깔을 짚으며) 이건 무슨 색?

남 빨간색.

여3 아니요!

여4 그래. 아니요 "레드"지? 잘한다.

남 (여5에게) 저는 이제 나가도 될까요?

여3 아니요.

여4 또!

여3 아니. 그게 아니라.

여4 또! 아주 입에 "노"가 붙었어요. (남자에게) 나가세요.

남 나가고.

여4 너 그렇게 해서 어떻게 서로 이해하고 살 건데?

여1 맞아. 저 상태는 너무 심각한데.

여4 아니오. 아니오. 아니오. 아니오. 아니오로 3행시 지을게.

여1 아

여4 아 배고파

여1 니

여4 니들도 배고파?

여1 오

여4 오 이상하다. 오늘 세 끼 벌써 다 먹었는데.

여1 나도 하나 할 테니까 불러봐.

여2 아

여1 아니 땐 굴뚝에 연기 나랴

여2 니

여1 (관객에게 다가가) 니캉 내캉 오늘 연기 한 번 내보자.

여2   오

여1   연락처 좀 …….

　　　　모두 3행시를 짓고 웃고 신나게 ……

여4   그래. 너희들 둘 다 성격차이가 심해도 너무 심하다. 그런데 나
는 뭐니?

#4 – 집착파

다시 〈나 그대에게 모두 드리리〉 흐르며 바닷가

여4 무궁화 꽃이 피었습니다.

남 움직였다!

여4 꺄아아아아 엄마야. 내가 움직였나?

남 응 움직였어.

여4 아이 몰라 몰라잉.

남 아이고 귀여운 것.

여4 나 귀여워?

남 그래 그래.

그때 여자 전화벨.

여4 여보세요? 아. 선배님. 네. 내일 점심에요? 네네. 네. 아 선배님이 쏘시는 거예요? 그럼 당연히 가죠. 네. 알겠습니다.

남 누구야?

여4 응? 과 선밴데 내일 우리 스터디 그룹 애들 점심 사준다고 해서.

남 그 이번에 전역하고 복학했다던?

여4 응. 그 선배. 학교 적응하는 것 좀 도와달라고 요즘 밥도 잘 사줘.

남 좋냐?

여4 응? 갑자기 뭐가?

남 얼굴에 아주 꽃이 핀 것 같아서.

여4 아니 그냥 뭐, 공짜 밥 얻어먹게 생겨서.

남 그럼 너는 공짜면 뭐든지 쫓아간다는 거냐?

여4 어머 왜 그래? 왜 그렇게 예민하게 반응해?

남 아 그게 문제가 아니고. 그래서 거길 가겠다고?

여4 아니 그럼 우리 스터디 동아리 사람들 다 모인다는데 나도 가야지. 당연한 거 아냐?

남 이제 막 전역했으면 눈에 불을 켜고 어떻게 하나 낚아보려고 발악을 하고 있겠네.

여4 아이 무슨 말을 그렇게 해 …… 그 선배 그런 사람 아니야.

남 오호 지금 내 앞에서 그 새끼 편을 들겠다?

여4 아니 편은 무슨 편이야아~ ~ 그냥 오해하는 것 같아서 그렇지. 그 선배 전역하고 우리 스터디 그룹 들어와서 앞으로도 계속 보게 될 텐데. 거기다 한참 선배기도 하고. 그리고 매너도 괜찮고.

남 아아 자주 만나시겠다?

여4 왜 그래?

남 내가 싫다고 해도 그럴 거야?

여4 아니 왜 그러는데 ……

남 난 싫어. 네가 다른 놈들이랑 있는 게 싫어. 그 스터디 그룹 당장 관둬.

여4 그럼 나 공부도 하지 마? 졸업해야 할 것 아냐. 취직해야 할 것 아냐.

남 싫어. 수컷들이 드글드글 하는 곳에 널 둘 수 없어.

여4 그 사람들 나한테 관심도 없을 걸? 나 남자친구 있는 것도 다 알아.

남 그래서 더 갖고 싶은 욕구를 느끼고 있을 거야.

여4 저기

남 내 말 들어.

여4 아니, 내 얘기는 그러니까 ……

남 그만 두라고. 당장. (소리 지르고 퇴장)

여4 (남자의 뒤에 대고 기운 없이) 알았어.

　　　여5 들어온다.

여5 사순아

여4 어, 오순아, 오랜 만이다.

여5 나머지 친구들은?

여4 (무대 다른 쪽에 자리 잡고 있는 1, 2, 3을 가리키며) 저기 있지.

여5 (그들에게 함께 이동하며) 어머, 얘들아.

여2 아니 그래서 깔깔깔 거시기가 저시기 해서 거 머시기가 이래서 그 이

여5 어머 벌써 시간이 열두 시야. 아우 근데 어쩜 이렇게 해도 해도 할 말이 많니?

여1 그러니까 야 그래서 그 거시기랑 머시기가 말이지

여2 그 거시기는 거시기해서 약간 거시기하고 저 거시기는 거시기라고

　　　그때 여4 벨소리.

여4 응 오빠.

남 어디야?

여4 응? 나 고등학교 동창들이랑 가볍게 술 한 잔 하면서 얘기하고 있지.

남 동창? 남자도 있어?

여4 아니. 여자애들 밖에 없지.

남 근데 웬 남자 목소리가 이렇게 들려?

여4 난 안 들리는데.

남 내가 그 말에 속아 넘어갈 줄 알아?

여4 속아 넘어가다니?

남 어떤 새끼랑 있는 거야? 저번에 그 선배 놈이야?

여4 아니라니까.

남 거짓말하다 걸리면 죽는다 진짜.

여4 정말이라니까.

남 근데 왜 이렇게 시끄럽냐고!

여4 아니 오랜만에 만나서 할 말이 워낙 많다 보니까……

남 근데 여자들 밖에 없다고? 정말?

여4 그렇대도

남 너 남녀공학 나오지 않았어?

여4 무슨 소리야? 나 여고 나왔는데.

남 내 기억엔 분명 남녀 공학이었는데……

여4 오빠야 나 진짜 여고야…… 나 여고 나왔어. 그러니 여기에 남자가 없는 게 당연하잖아.

남 근데 어째 자리에 남자가 없어 아쉽다는 말툰데?

여4 그런 거 아냐……

남 아 진짜 그 술집은 왜 이렇게 남자 새끼들이 많아?

여4 세 팀 밖에 없어.

남 뭐야 그런 것도 일일이 세 봤어?

여4 세보지 않아도 그냥 한 눈에 보이는데 어쩌라고?

남 그래. 좋아 믿어줄게. 근데 진짜 나이트라도 간 거야? 대체 왜 이렇게 시끄러워!

여4 오랜만에 만나서 수다 떨기도 바쁜데 나이트는 무슨 나이트야.

남 그럼 나이트라도 가겠다는 거야?

여4 내가 언제 나이트 간데?

남 근데 왜 이렇게 늦게 까지 집에 안 들어가고 있는데?

여4 아니, 친구들하고 얘기하다 보면 그럴 수도 있지. 무슨 의심을 그렇게 해?

남 지금 내가 의심 안 하게 생겼어?

여4 아니 대체 의심 갈 게 뭐가 있는데?!

남 지금 당장 집에 가서 집 전화로 전화해.

여4 뭐라고?

남 집전화로 나한테 찍으란 말이야.

여4 안 돼.

남 왜 안 되는데? 그러니까 기어이 나이트를 가겠다는 거지?

여4 제발. 우리 얘기 끝나려면 두 시간은 족히 있어야 돼. 한 시간만 더 응?

남 지금 시간이 몇 신데? 지금까지 봐준 것도 어딘데! 대체 뭘 하려고,

어딜 가려고?

여4 내가 뭘 하고 어딜 간다고 그래 ……

남 한 시간 안에 집전화로 나한테 찍어!

여4 (여자들에게) 미안하지만 난 이제 일어나야겠어. 나중에 다시 봐.

여4 자리 이동하고 다른 쪽에 남자 등장.

여4 (손가락을 보여 주며) 나 손톱 예뻐?

남 응. 되게 예쁘다.

여4 그렇지? 어제 네일 아트 좀 받았어.

남 네일 아트?

여4 응. 예쁘지?

남 나랑 문자 할 땐 그런 말 없었잖아.

여4 아 그랬어?

남 어 그랬어.

여4 정신없었나 보다. 친구 따라 갔다가 난생 처음 네일 아트란 거 해 보느라 들떠서 오빠한테 말할 정신도 없었나 봐.

남 그래?

여4 응응. 미안미안.

남 대체 왜 그런 걸 얘기하지 않는 건데?

여4 아니. 나는 정말 뭐랄까? 그럴 수도 있는 거 아닌가?

남 안 되겠다. 도저히. 너 학생증이랑 주민증이랑 모두 이리 내.

여4 뭐? 왜?

남 네가 어디를 가는지 뭘 하는지 알 수가 없어. 안심이 안 돼. 내가 모두 가지고 있으면 너 술집도 못 가고 나이트도 못 갈 거 아니야. 어서 이리 내.

여4 오빠. 우리 이러지 말자.

남 뭘 이러지 마. 그럼 네가 행동을 똑바로 해야 할 것 아니야.

여4 아니 내가 뭘 똑바로 안 했다고 그래?

남 언제나 그렇잖아. 안 돼. 어서 이리 내.

여4 좋아. 오빠가 그렇게 나를 믿지 못한다면 나도 더 이상 오빠 만나고 싶지 않아. 우리 이제 그만 만나.

남 아, 사순아. 난 일부러 그런 게 아니야. 그만큼 네가 좋으니까 네가 걱정되니까 그런 거야. 남자선배랑 밥 먹는 것도 질투 나고, 남자들 많은 곳에 네가 있으면 불안해. 혹시 무슨 일이 생기지는 않을까라는 생각 때문에 잠도 안 와. 그래 내가 표현을 잘 못해. 사순이 너도 알잖아! 그냥 내가 널 많이 좋아하나 봐. 난 그냥 널 너무 좋아하는 마음에 ……. 미안해 다시는 의심 같은 거 안 할 게 …… 진짜야. 약속할게!

여4 아, 아니야 내가 미안해 갑자기 화내서 …… 근데 이제 진짜 의심 안 할 거지?

남 응 사순아 …… 미안해 내가 잘할게~ 나 미워하지 마아아아~

여4 그래. 알았어. 오빠. 내일 봐.

남자 퇴장하고, 여자 자세를 바꾸어 뒹굴뒹굴 잡지책을 읽고 있다. 그때 걸려오는 전화.

여4 응, 오빠.

남 어디야?

여4 어디긴 집이지.

남 집이라고?

여4 응. 집.

남 뭐 하는데?

여4 오빠 생각하지.

남 내 생각한다고? 거짓말 하지 말고.

여4 나 그냥 잡지책 읽고 있어.

남 잡지책? 너 지금 잡지책 읽는다고? 집이라고?

여4 응. 나 지금 잡지 읽고 있어.

남 진짜 집이라고?

여4 응. 집이지. 지금 시간이 몇 신데. 오빠 전화 기다리느라 나 잠도
못 자고 있었어.

남 진짜 집이라고?

여4 응. 진짜라니까.

남 그냥 솔직하게 말해.

여4 무슨 소리야. 나 지금 집이야.

남 후…… 너 진짜 집 확실한 거야? 친구가 너 학교 근처 술집에서 남
자들이랑 노는 거 봤다는데.

여4 오빠가 싫어하는 거 뻔히 아는데 내가 왜 남자랑 놀아?

남 진짜 집?

여4 응 진짜 집.

남 진짜 집?

여4 응 진짜 집.

남 진짜 집?

여4 응 진짜 집.

남 진짜 진짜 진짜 진짜 집?

여4 응 진짜 진짜 진짜 진짜 집.

남 진짜 집이라 이거지 …… 내가 지금 너네 집 간다.

여4 그래. 와라. 와. 나 진짜 집이라고. 아니 올 필요 없고, 네가 좋아하는 집전화로 확인 시켜주면 될 거 아냐! 1분 내로 당장! 끊어! 아이고, 화나! (다른 여자들에게) 처음엔 정말 호감 만땅이었는데. 사랑 받고 있다는 느낌, 관심 받고 있다는 느낌, 이 남자 참 섬세하구나 싶은 ……. 근데 이건 뭐 가면 갈수록 피곤한 정도를 넘어서더라. 집착이 심해질수록 나는 숨도 쉴 수 없게 됐어. 아무 것도 내 의지대로 할 수 없고 뭘 하더라도 허가를 받아야 하고 눈치를 봐야 하고. 이건 안 돼. 안 돼. 너흰 죽어도~ 모를 거야 …….

여자들 (일제히 고개 저으며) 아니 아니.

여5 보기만 해도 피곤해

여3 나도 그런 사람 만나봤어. 할 짓이 못돼. 으으.

여4 남녀 사이엔 믿음이 중요한 법.

여2 그래 그래! 못 믿을 거면 애초에 만나질 말아야지!

여1 그래! 그런 인간들은 혼자 살라고 해!

여5 그럼 이제 나만 남았네. 하여간 난 너희들 참 부럽다. 지지든 볶든 어쨌든 옆에서 서로 보고 얘기할 수는 있었잖아. 나는 볼 수도 없었다고. 보고 싶어도 볼 수도 없다가 그냥 그렇게 헤어진 거야.

#5 − Out of sight, Out of mind───────

다시 〈나 그대에게 모두 드리리〉 흐르며 바닷가. 가위 바위 보 묵찌빠 하고 있다. 남자가 이겼다.

남 내가 이겼다! (딱밤 때린다.)

여5 아이.

남 아파?

여5 아이 몰라.

남 많이 아파??

여5 몰라 몰라 몰라.

남 허허허. 더 때릴까?

　　　　이때 울리는 전화벨

남 (전화를 들고) 네 부장님. 네. 네. 네. 네. 네. 네. 네. 네. 네. 네. 네. 네.

여5 부장님이 전화했어?

남 응.

여5 왜? 무슨 일인데?

남 나 부산으로 발령 났다.

여5 부산?

남 그래. 부산. 나 바다 좋아하잖아. 어렸을 때부터 바닷가에 사는 게 꿈이었어.

바다 소리 음향 효과

남 아침 뱃고동 소리에 잠을 깬다. 눈 비비고 일어나 눈곱 떼고 코 후비고 비린내 나는 부둣가에서 미끄러져 툭툭 털고 일어나다가 저 멀리 보이는 자전거가 보기 좋아서 차를 타고 따르다가. 내가 지금 무슨 얘기 하는 거지? 하여간 나는 바닷가로 발령 나서 좋다. 너무 좋다.

여5 좋긴 뭐가 그렇게 좋은데? 그럼 우린 어떻게 되는데?

남 우리가 왜?

여5 우리는 서로 너무 멀리 떨어지게 되잖아.

남 떨어지긴 뭐. 비행기타면 한 시간인데. 아무 걱정할 것 없어. 우리가 어떤 사인데. 서로 떨어져 있다고 우리의 사랑이 약해지거나 식겠어? 걱정하지 마.

여5 정말 괜찮을까?

남 괜찮다니까. 아무 걱정할 것 없다니까. 나만 믿어. 나 누구야? 나 삼식이야. 하하하

여5 이렇게 우리의 긴 만남은 시작된 거야. 그 사람이 전근을 간 그 주 우리는 매일 전화했어. 그리고 며칠이 지난 어느 밤.

전화벨 울린다.

여5 (전화를 받으며) 자기!

남 자기!

여5 응. 나야. 우린 오히려 같이 매일 볼 때보다 더 오랜 시간을 만나

는 것 같다.

남 나와.

여5 어디?

남 집 밖으로.

여5 집 밖?

남 그래.

여5 무슨 소리야? 자기는 지금 부산에 있어야 하잖아.

남 그래도 나 자기 보고 싶어서 이렇게 ktx 타고 올라왔어. 심야고속 타고 다시 내려가야 해. 얼른 얼굴만 보고 가게 나와.

여5 자기 …… (감동의 눈물) 나 오늘 정말 감동했다. 자기 내가 뭘 해줄까? 얘기만 해. 내가 자기 원하는 것 모두 다 해줄게.

남 아니야. 난 그저 자기만 마음 변하지 않고 나를 영원히 사랑해 주면 돼.

여5 자기. 우리 영원히 사랑하며 행복하게 살자.

남 그래야지. 당연히.

여5 주말 당연히 그는 또 올라왔지. 서로 멀리에 떨어져 있다는 생각 때문에 하루 종일 할 일이 많았지. 우리는 즐거운 주말을 함께했어.

놀이동산에 간 그들. 그리고 기차역.

남 자기. 잘 있어. 내가 전화할게. 아니 이번 주에 부산 내려오면 어때? 자갈치 시장에 가서 우리 회도 먹고.

여5 그래. 자기 이번 주에는 내가 내려갈게.

남   어, 기차 떠난다.

여5   자기. 조심해서 내려가.

남   그래.

     남자 사라진다.

여5   정말 행복한 날들. 가까이에 함께 하는 것보다 더 즐거웠던 날들. 하루 종일 화면에서 얼굴보고 수시로 전화하면서 우리는 정말 재미있고 행복했어. 물론 수시로 서울과 부산을 오가며.

     부산역.

남   자기.

여5   자기.

남   어서 와. 보고 싶었어. (부산 사투리로) 부산 처음이지?

여5   그래.

남   우리 오늘 재미있게 놀자고.

여5   알았어.

남   우선 점심부터 먹으러. 자갈치 시장으로.

     자갈치 시장에서 먹는 점심 & 부산 투어

여5   이렇게 몇 달을 정신없이 즐겁게 행복하게 보냈지. 서로 가까이에 있을 때보다 더 자주 보는 것 같고 더 깊이 있게 만나는 것 같고 또 더 사랑하는 것 같았어. (종이비행기 날아든다. 여자는 사랑편지라 생각하고 열어 보고) 그런데, 전화요금, 교통요금, 온갖 종류의 카드대금. 위기가 오기 시작하는 거야. 우선 경제적인 압박이 제일 먼저 오더라. 돈이 있어야 뭘 하지. 돈이 없어지니까 ……

여자 전화벨

여5 자기!
남 자기. 우리 이번 주에는 한 주 쉴까?
여5 왜?
남 응 그러니까 이번 주에 부장님이 부산에 오신다고 해서.
여5 그래? 그럼 그래야지. 잘 지내고 다음 주에 보자.
남 잘 지내. 사랑해.
여5 나도. 사랑해.

전화벨.

남 미안해. 이번 주 주말에도 근무해야 해서 올라가기 어려울 것 같아.

전화벨

남 미안해. 이번 주도 올라가기 어려울 것 같아.

여5 (여자들을 향해) 이렇게 일차적으로 경제적인 위기가 우리를 떼어 놓았지. 서로 얘기는 못했지만 돈 그거 무서운 거다. 그리고 또 다른 압박이 가해지는 거야. 전화 붙잡고 있느라 업무에 충실하지 못하니까 슬슬 주변에서 태클이 들어오기 시작하더라고. 일단 회사에서 전화를 하기가 어려워져. (전화벨 울리고 전화를 보고) 자기. (그러나 옆 사람들 눈치를 보고) 지금 바빠서 전화 받을 수가 없어. 조금 있다가 내가 다시 전화할게. (살살 옆으로 피해서 전화) 자기. (옆 사람들 다가와서 모두 쳐다보고) 끊을게. (전화 끊고) 이런 식이 된 거야. 이러니 어떻게 뭘 지속할 수 있었겠느냐고. 경제적인 압박으로 서로 만나지도 못해, 일 때문에 서로 전화도 제 때 못하고. 겨우 퇴근한 후나 집에서 전화하는데. 문제는 서로 같이 하는 일이 없어지니까 같이 할 얘기가 없어지는 거야. 뭐랄까 서로의 세계를 공유하지 못하니까 무슨 얘기를 해야 할지 모르겠더라고.

전화벨

여5 자기.

남 자기

여5 오늘 뭐했어?

남 오늘? 뭐 그냥 어제와 똑같지 뭐. 특별한 일이 있나? 자기는?

여5 나도 마찬가지. 뭐 똑같은 하루하루가 반복이지.

남 그렇지.

여5 그래.

남 맞아.

여5 그래.

남 그럼 전화 끊을까?

여5 그래. 안녕. 잘 자.

남 그래. 잘 자.

전화벨

여5 자기.

남 자기.

여5 오늘 뭐했어?

남 오늘? 뭐 그냥 어제와 똑같지 뭐. 특별한 일이 있나? 자기는?

여5 나도 마찬가지. 뭐 똑같은 하루하루가 반복이지.

남 그렇지.

여5 그래.

남 맞아.

여5 그래.

남 그럼 전화 끊을까?

여5 그래. 안녕. 잘 자.

남 그래. 잘 자.

여5 뭐 이렇게 진행이 되더라고. 서로 멀리에 있게 되면서 우린 어느 새 멀어지고 있었어.

곧이어 메시지가 도착하는 소리

남 (메시지 낭독) 아마도 이번 주에는 올라가지 못할 것 같아. 잘 지내. 행복한 주말 보내.

여5 (답장) 나도 조금 바빠서 자기도 잘 지내. 행복한 주말 보내. 이런 일이 한두 번 생기더니 그 다음부터 가끔씩 생기기 시작하는 거야. 그리고 무엇보다 견디기 어려운 건 필요할 때 옆에 없다는 거였어.

전화벨.

남 자기 미안해. 생일인데 같이 있지 못해서.

전화벨.

남 자기 미안해. 우리 400일인데 같이 있지 못해서.

전화벨.

남 자기 미안해. 필요할 때 옆에 있지 못해서.

여 그러던 어느 날 옆 사무실의 오 대리와 저녁을 같이 먹게 됐어.

남자와 여5 데이트

남 육순 씨, 사실 나 그동안 죽 계속해서 언제나 항상 말없이 그냥 그
렇게 조용히 은은하게 그윽하게 미소를 사랑의 마음으로 육순 씨를
지켜봐 왔어요. 당연히 제가 살펴 본 바로는 애인도 없으시고. 맞죠?

여5 아니 저 애인 …… 네 없어요.

남 나 그래서 육순 씨와 그 뭣이냐 저기 이거 참 그러니까 그게 상당히

여5 저는 그렇게 멋진 여자가 아닌데.

남 뭐 사람이라는 게 그러니까 그것이 저기 이 그 저 뭣이냐 그냥 그
렇게 저렇게 확

여5 그렇죠. 그 말이 옳죠. 호호호. 그리고 그 날부터 뭐랄까 오 대리
는 필요할 때 옆에 있을 수 있는 사람 후보가 된 거지. 시간이 지나고.
오 대리와 난 근교로 바람이나 쐬러 나갔어.

　　　남, 오 대리가 되어 등장.

여5 오 대리님.

남 멋진데요. 육순 씨.

여5 오 대리님도 멋져요.

남 나는 그러니까 저기 그 뭣이냐 그게 이 저

여5 맞아요. 우리는 항상

남 맞습니다. 그런 의미에서 우리 뽀뽀나 한 번

　　　둘이 거의 다가갔을 때 전화벨. 여5 전화를 꺼내 보더니 전화 끄고 키스.

여3 그러니까 네가 그 부산 남자를 찬 거지? 그래. 아이고 시원하다.
야, 삼식아 이놈아 시원하다.

여1 아니야. 꼭 그렇게 볼 수만은 없어.

여2 왜 맞는데. 네가 그놈을 그냥 확.

여4 아니 아니 아니 아니 꼭 그렇게 볼 수만은 없을 것 같기도 하다.

여5 그래. 결론적으로 내가 그게 그러니까 있잖아 나는 그게 그러니
까 그냥 그렇다고

여4 알았어. 알았어. 우리가 연애 한 두 번 하냐? 척하면 삼천리지.

여1 하여간 중요한 건 여자 눈에 눈물 흘리게 하는 놈들은 그냥 다 확
모두.

여1 흥분해서 일어서는데 여6 우아하게 나타난다. 지금부터는 무대 객석 모두
실연클럽 창단식.

#6 – 실연클럽

여6 안녕하세요? 우리 실연클럽 창단식에 와 주신 모든 분들께 진심으로 감사의 말씀을 드립니다. (배우들에게) 일단 자리를 잡고 앉으시죠. 어떻게 얘기는 많이 나누셨습니까? (여6에게) 어떠셨습니까?

여5 어떻냐고요? 그렇죠 뭐. 잘 아시면서.

여6 그렇죠. 참 사랑하기 힘들죠. 자, 오늘 여기 함께 하신 모든 분들이 참으로 어려운 시간을 견디어 냈습니다. 우리가 오늘 실연클럽을 창단한 이유도 바로 이것입니다. 우리 모두 서로의 경우를 얘기하고 해결책을 찾아 행복해지자는 것입니다. 일단 이상의 경우를 정리하자면 사랑이 깨지는 이유들은 이렇네요. 한쪽이 배신한 경우, 그리고 서로가 멀리에 떨어져 있게 돼서 서서히 멀어진 경우, 그리고 백수파의 경우처럼 서로의 기대를 충족시켜 줄 수 없는 경우. 마지막으로 흔히 얘기하는 성격차이. 저렇게 무조건 말을 하지 않는 무언파, 언제나 상대에게 "노"만 하는 무노파, 뭐든지 의심하고 파고드는 집착파. 이런 경우들은 정말 피곤하죠. 물론 오늘 우리가 얘기하지 않은 이런 경우들도 있습니다.

진실한 사랑이 전제가 되지 않는 다양한 사랑의 형태들을 빠르게 보여 준다. 갑자기 없으면 못살 것 같다가 금방 식어버리는 사랑, 애초부터 순수하지 않은 목적의 사랑 등등.

여6 이런 진지하지 않은 관계, 혹은 일회성의 관계는 많습니다. 돈이 좋아서, 첫눈에 반해서, 흔히 말하는 엔조이로 한 번, 남의 떡이 커 보여서. 그러나 오늘 우리의 창단식에서는 이런 진지하지 않은, 이유 없는 사랑에 대해서는 얘기하지 않았습니다. 참 오늘 얘기하지 않은 이런 진지한 헤어짐도 있기는 있습니다.

> 친구로 인하여 헤어지는 경우, 부모 때문에 헤어지는 경우, 잘못된 만남, 수준 차이, 기타 등등의 피치 못할 이유들로 헤어지는 경우를 빠르게 보여준다.

여6 물론 이런 상황은 주로 주변에 의하여 헤어지게 되는 경우입니다. 부모님의 반대, 다른 사람과의 비교, 또는 친구가 자꾸 별로라고 얘기해서. 그리고 또 …… 하여간 귀가 문젭니다. 어쨌든 이렇게 많은 이유들로 남과 여는 괴로워합니다. 그렇다면 괴로워하지 않을 수 있는 방법은 무엇일까요? 실연당하지 않는 방법은 무엇일까요? 해답은 결자해지. 묶은 사람이 풀어야죠. 즉 당사자들이 만나서 찾아야겠지요? 자 그러면 남자를 불러내서 한 번 얘기를 들어보죠. (무대 뒤로) 남자 나오세요.

> 남자 나온다.

여6 (여1에게) 자, 시작하세요.

여1 (앞으로 나서며 남자에게) 야! 너 이리와 봐.

남 (앞으로 나온다)

여1 너 왜 그러니? 왜 나를 떠나는 거니?

남 나는 그냥. 응…… 자기가 이해를 해. 사람은 원래 다 그렇잖아. 뭔가 새로운 대상을 항상 원하잖아. 사랑하다 싫증나면 헤어지고 또 다른 사람 만나고 뭐 그런 거지. 사랑 한 번에 인생을 걸 필요는 없다고.

여1 참 니 생각 한 번 터프하다. 사람이 뭐니? 응? 싫증이 나더라도 참고 서로 의지하면서 둘만의 꿈을 실현해 가는 게 사람 아니야? 싫증난다고 떠나면 그럼 너는 지금부터 옷 벗고 옆집 개처럼 여자나 찾아 다녀라. (옷 벗기려 덤벼든다.)

남 하지만, 이게 나야.

여2 그래. 너 같은 인간이 많아서 상처받는 사람들이 많지. 그럼 나하고는 어때?

남 왜 내가 뭘 잘못했는데? 그게 내 성격이야.

여2 성격? 너는 견딜 수 있니? 네가 나 같았더라면 너는 견딜 수 있었겠느냐고?

남 넌 나를 충분히 이해하지 못했어.

여2 뭐라고? 이해? 말을 해야 이해할 거 아니야. 부모 자식 사이에도 말을 안 하면 서로를 이해할 수 없는데, 네가 말을 안 하면 내가 어떻게 널 이해하니?

남 그냥 기다려 줄 수 없었어? 내가 알아서 풀겠다잖아.

여2 아니 그럼 표현을 하지 말던지! 눈빛이며 말투며 기분 나쁜 거 다 티내고 왜냐고 물어보면 '아니 난 괜찮아'라고 말하고. 그런 내 상태를 너는 이해하려고 해봤니?

남 나도 노력했어. 안 되는걸 어떻게 해. 이게 바로 성격차이겠지.

여2 그래, 극복할 수 없는 성격차이.

여3　이제 내 차례지. 너 왜 나하고 헤어졌더라?

남　그렇게 흥분하지 마. 그게 내 잘못만은 아니잖아?

여3　뭐라고?

남　그렇잖아. 너하고 나하고 함께 뭔가를 했으니까 박수 소리도 났을 것이고 헤어졌겠지. 내가 조금 전 그 수캐처럼 너한테서 떠난 것도 아니고.

여3　뭐라고?

남　난 죄 없다. 아니, 죄 있다. 난 너만큼 죄 있다.

여3　뭐라고?

남　너나 나나 항상 서로에게 반대만 했잖아. 무조건 아니야! 우리가 서로를 이해하려 하지 않았고 서로를 존중하지도 않았지.

여4　(남자에게) 야, 너 그거 기억하냐? 니가 사준 반지 세수하다 빼놓고 하루 안 끼고 나갔다가 네가 하도 난리를 쳐서 학교에서 수업도 못 듣고 집까지 다시 가서 반지 끼고 나왔잖아. 도대체 무슨 의심이 그렇게 많고 무슨 집착이 그렇게 심한데? 내가 니가 프로그래밍 해 놓은 대로 행동하고 생각하고 움직여야 하는 로봇이냐?

남　사랑이었어.

여4　야, 그런 사랑 두 번 하다가는 스트레스로 암 걸려서 40도 못 넘기고 죽겠다.

여5　나? 난…… 그저 그가 행복하길 바라…… 우리가 헤어진 건, 그 누구의 잘못도 아니야…… 그저 현실에 적응했다는 것뿐…… 우린 뜨겁게 사랑을 했고…… 후회하지 않을 만큼 최선을 다했어…… 하지만 함께하는 시간이 적어질수록 서로 공유할 것이 없어지고 또 필요할 때 곁에 없게 되면서 그냥 그렇게 멀어져 간 거고. 그냥…… 잘 지내 길 바라…… 삼식 씨~! 행복해야 해~ 삼식 씨! 잘 지내~ 삼식아~

여6 박수 치며

여6 네 감사합니다. 자, 이것으로 창단식을 모두 마치도록 하겠습니다. 안녕히 가십시오. 감사합니다.

아무도 일어나지 않고 뭔가 약간 분위기가 이상하다.

여6 이제 끝났으니까 가셔도 됩니다.

여1 가다뇨? 이게 끝이에요?

여2 그러게 말이야. 그래서 뭘 어쩌라는 거예요?

여3 오늘 모임의 목적이 뭐죠?

여4 이건 너무 황당하잖아.

여6 아, 뭔가 더 하실 얘기가 남았습니까? 좋습니다. 그럼 오늘 시작한 김에 끝까지 한 번 가보죠. 자 누가 먼저 시작할까요? (관객에게) 어떻게 생각하십니까? 남녀 관계에 대해서. 남녀의 사랑에 관해서. 다 남녀 모두 발전적인 관계를 만들어 가자고 오늘 이 자리에 모인 것이니까 남과 여에 대한 얘기라면 무슨 얘기든 괜찮습니다. 실연의 경험이 없으신가요? 한 번 얘기를 해보시겠어요? 없으세요? 그럼 다른 분은? (관객들의 이야기를 약간 들어보고) 아무래도 모두들 맘 편하게 말하는 것이 쉽지 않으신 모양이네요. 그럼 이렇게 하죠. 맘 편하게 얘기할 수 있게 불을 꺼드리겠습니다. 좋죠? 자 할 얘기들을 잘 정리하십시오. 조명 아웃.

실제 극장의 모든 조명을 완전히 끈다. 완전한 암흑. 이 상태에서 사람들은 하고 싶은 얘기를 한다.

여6 누군가 먼저 시작하세요.

배우들이 중간 중간 거들면서 관객들도 함께 사랑에 대해 실연에 대해 얘기한다. 한참 진행 후 서서히 얘기들이 끝나갈 때 조명 약간씩 들어오면서

여6 이런 얘기로 끝을 맺을까 합니다. 우선, 서로 맞지 않는 부분이 너무 많으면 빨리 그만 두는 게 좋지 않을까? 억지로 맞추려 하는 데에도 한계가 있고 게다가 결혼하면 맞추려는 의지도 사라지게 됩니다. 사실 왜 불행하겠습니까? 바로 성격차이 때문이죠. 이게 사소한 것 같지만 정말 큰 문제를 일으킵니다. 예를 들어 주말에 나는 집에서 쉬고 싶은데 상대는 나가자고 한다, 아침에 나는 밥을 먹고 싶은데 상대는 빵을 먹자고 한다. 매사가 이렇게 맞지 않는다면 이건 정말 불행한 경우가 됩니다. 성격차이 정말 큰 문제입니다. 스스로 불행하게 사셨다는 어떤 분이, 자신의 잘못을 반성하면서, 남녀 사이에 행복할 수 있는 비책을 얘기하시더군요. 첫째, 싸우면 5분 내에 화해할 것. 어차피 혼자 있어서는 싸움이 안 되죠. 아무리 잘못한 게 없어도 그 자리에 있었다는 것이 잘못입니다. 그러니까 진심으로 5분 내에 무조건 화해하라

는 겁니다. 그리고 두 번째 무조건 예스라고 말할 것. 사실 남녀 사이에 무조건 예스한다고 무슨 엄청난 큰일이 있겠습니까? 도덕적으로 문제되지 않는다면 무조건 예스라고 동의하는 겁니다. 이러면 반드시 행복해진다는 군요. 물론 다 잘났는데 어떻게 동의합니까? 절대 동의 못하죠. 그렇죠. 그러니까 싸우게 되고. 그런데 동의 안하면 뭐 제대로 되던가요? 결국 싸우고 둘 다 기분만 더 나빠지죠. 저는 이 분의 의견에 절대 동의합니다. 그리고 이 무조건 예스가 사실 연인들의 첫 만남 모습이거든요. 남녀가 처음 만날 때 서로에게 얼마나 조심하고 서로를 존중합니까? 그렇지만 서로 가까워지고 서로 내 거다라는 생각이 들면서 서로에게 맞추기를 강요하고 또 다소간 함부로 하게 되죠. 처음과는 완전히 반대가 돼 버렸죠. 그러므로 사랑으로 아프지 않으려면 결론은 바로 초심을 유지해야 한다는 겁니다. 왜 공자께서 말씀하셨죠. 사람을 언제나 귀한 손님 대하듯 하라. 여기에서 사람의 ㅁ을 ㅇ으로 바꾸면 우리 사랑으로 행복해지고자 하는 사람들의 얘기가 됩니다. 사랑을 언제나 귀한 손님 대하듯 하라.

암전. 끝.

연극

세상이 그대를
속일지라도

등장인물

혜숙	유명 여배우
효진	배우 지망생
쏘리	배우 지망생
보희	가수 지망생
남자	다역

무대

어떤 기획사 연습실

한 마디

이 대본으로 많은 것을 할 수 있어 보인다. 또 실제로 많은 것을 하려 노력했다. 특히 일부러 대사를 자극적이게 썼다. 어떻게 대사를 하는가에 따라 관객의 반응은 매우 달라질 것이다.

이 연극은 배우에게도 연출에게도 뭔가 사실은 이미 한 번 휩쓸고 지나간 것 같은 진부함이 있지만 또 사실은 결국 그것이 다시 반복되는 뭐 그런 것들을 생각나게 할 수도 있다.

음악 흐르며 조명인 되면 효진 보인다.

효진 폐하와 장군께서 이리로 오시고 있다고? 알았다. 굉장한 소식이로구나. 까마귀까지도 목쉰 소리로 덩컨의 비극적인 운명을 예고하는 양 저렇게 울어대는구나! 자, 너희들 살인의 음모에 따르는 악령들아, 어서 와서 나의, 이 여자의 마음을 없애 버리고, 머리끝에서 발끝까지 소름 끼치도록 잔인한 마음으로 가득 차게 해다오. 전신의 피를 혼탁하게 하여 연민의 정이 얼씬도 못 하게 하고 양심의 가책이 나의 흉악한 결심을 뒤흔들거나, 혹은 그 가책으로 인해 실행을 단념하게 하는 일이 없도록 해다오. 보이지 않는 형체를 하고 언제 어디서나 인간의 재앙을 돕는 살육의 정령들아, 내 몸 안으로 와서 내 젖을 담즙으로 바꿔 다오! 자, 오너라, 캄캄한 밤이여! 어서 와서 지척을 분간키 어려운 캄캄한 지옥의 연기로 장막을 드리우고, 나의 단도가 스스로 저지른 상처를 보지 못하도록 해다오. 그리하여 하늘도 그 검은 장막 속을 들여다보고 '안 돼! 그만두라니까!' 하고 외치지 못하게 해다오!

남 (객석에서) 오케이. 잘했어. 그런데 말이야 조금 약하지 않니? 좀 더 뭐랄까. 이 여자의 감정이나 뭐 이런 것들이 네 말에 실려 있어야지. 네가 원래 스타일이 조금 약해. 그렇지만 약하다고 언제나 약한 것만 할 수는 없지 않겠니? 그러니까 좀 더 강한 것도 한 번 해봐야겠다고 생각해서 이런 무거운 대사를 연습 해보라는 거야. 알겠지? 자 강하게! 다시 한 번 해보자.

효진 예. 폐하와 장군께서 이리로 오시고 있다고? 알았다. 굉장한 소식이로구나.

남자 잠깐. 그런데 너 지금 무슨 뜻인지 알고 하는 소리니?

효진 네? 예.

남자 어디 이 이후에 무슨 일이 있어?

효진 이후요? 그건 모르겠는데요.

남자 몰라? 그럼 이전에는 무슨 일이 있었는지 아니?

효진 아니오. 그것도.

남자 누군가 너에게 그런걸 알아야 한다고 얘기한 사람 없었니?

효진 네. 없었어요.

남자 없었다고? 그래. 그럴 수도 있지. 그럼 내가 얘기해 줄게. 대사를 받으면, 항상 그 대사 이전에 어디에서 무얼 했고 또 이후에 어디에서 무얼 할지를 꼭 파악해 놓아야 한다. 알았지?

효진 예.

남자 그렇다면 이 대사가 어느 대본에 나온 얘긴지는 아니?

효진 아니오.

남자 그럼 누군가 너에게 대사를 받으면 반드시 그 대사가 속한 작품을 찾아 읽고 인물에 대하여 분석을 해야 한다고 얘기는 하지 않았니?

효진 잘 기억은 나지 않지만, 했던 것 같아요.

남자 했던 것 같다고? 그러니까 했다는 거지?

효진 그런 것 같아요.

남자 그런 것 같다고? 그러니까 했다는 거잖아.

효진 예.

남자 했지? 분명히 했지? 그런데 안 읽었다는 거지? 너 왜 하라는 대로 안 하는 건데, 응? 야, 여기 앉아있는 네 후배 연습생들도 다 알아. (관객들에게) 어느 대본이죠? 거 왜 셰익스피어의? (묻고 누군가 대답 한다.) **봐.** 저 연습생도 알잖아. 그런데 너는 몰라? 누구 얘긴지도 모르고 말을 한다고? (만일 관객의 반응이 없으면 남자가 알아서 진행하며 〈맥베드〉라는 것을 알려 준다.)

효진 (대답한 사람에게 혹은 남자에게) 이게 〈맥베드〉에요? 저도 〈맥베드〉 읽었는데요, 이런 부분은 어디였는지 잘 기억이 안 나는데. 어떤 부분이에요?

대답을 기다린다. 관객의 설명을 약간 듣고. 만일 관객의 반응이 없을 경우 아래로 곧바로 진행.

남자 (관객에게) 감사합니다. 이제야 알겠니? 지금 네 남편이, 자기가 죽일 왕을 데리고 오고 있고, 그 왕을 오늘 밤에 이 궁에서 반드시 찔러 죽이려고 칼을 갈고 있는 장면이잖아. 알겠어?

효진 죄송합니다.

남자 도대체 이해를 할 수가 없네. 어떻게, 네가 말을 하는데, 네가 누구고 어떤 상황이고 이전에는 어디에 있었고 앞으로는 무얼 할지를 모르고 말을 할 수가 있다는 거니? 네 생각에는 그게 말이 된다고 생각하니?

효진 죄송합니다.

남자 너 그럼. 저 대사의 내용은 이해하니?

효진 그럼요. 그러니까 아이가 돋보기로 빛을 모아 개미를 죽이는 그런 잔인함이 있는

남자 뭐라고?

효진 그러니까 하이에나가 사자의 먹이를 노릴 때의 그 예리함이

남자 뭐?

효진 그러니까 그 늑대가 나타났다고 두 번이나 거짓말했던 양치기의 양들이 …… 늑대들이 …… 그 잔인함 …… 죄송합니다.

남자 나가.

효진 죄송합니다.

남자 나가.

효진 죄송합니다. 잘하겠습니다.

남자 (무대로 뛰어 올라가) 아니 네가 무슨 얘기를 하는지도 모르면서 어떻게 연기를 하겠다는 거니? 뭐? 양치기 하이에나? 지금 아동극 하니? 무슨 브레멘 음악대야? 대표님은 너같이 아무 생각 없는 아이를 도대체 왜 뽑았다는 거니? 내 생각에, 너는 다시 학교로 돌아가는 게 좋겠다. 넌 한마디로 연기에는 능력이 없어. 자세도 안 돼 있고. 그냥 학교 잘 다니고. 공부 열심히 해서 좋은 대학 가고 좋은 데 취직해라. 너 공부도 잘한다며, 전교 일등이라며!

효진 아닙니다. 저는 연기를 하고 싶습니다. 대표님 앞에서 테스트도 받았어요.

남자 그러니까 내 말이. 그렇게 테스트를 받았으면 나한테도 뭔가를 보여 달라는 거야. 네가 열심히 하고 있고 또 잘하고 있고 그리고 능력이 있다는 뭔가를.

효진 잘 하겠습니다.

남자 네가 아직 어려서 잘 모르나 본데, 그냥 네가 나 이거 할래요 그러면 모든 일이 다 알아서 술술 풀려나가는 줄 아는가 본데, 착각하지 마라. 인생은 피 터지게 싸워도 될까 말까야 이 바보야. 아이, 짜증나. (담배를 꺼내 문다.)

효진 저기, 금연인데요.

남자 요새는 화난다고 아무데서나 담배도 못 피우고, 아 속 터진다. 하여간 다시 해 봐. 그 무시무시한 음모에 부터

효진 무시무시한 음모에 끼어든 악령들이여, 어서 와서 날 나약한 여자로부터 벗어나게 해다오, 머리 꼭대기에서 발끝까지 잔인한 마음으로 가득 채워다오!

남자 시원하지?

효진 예?

남자 그렇게 소리만 벅벅 질러대니까 시원할 것 아니야?

효진 죄송합니다.

남자 죽겠구만. 난 담배나 피러 갈란다. 너 더 가르치다가는 여기서 담배 피고, 10만 원 벌금내야 할 것 같다. 아유 속 터져! (퇴장)

효진 (운다.) 나도 잘 할 수 있어. 나도 잘 할 수 있다고. 오리들에게 놀림 당하던 미운 오리새끼가 나중에 힘차게 날아오르는 백조가 된 것처럼 나도 잘할 수 있어. 잘 할 수 있어. 자, 오너라, 캄캄한 밤이여! 어서 와서 지척을 분간키 어려운 캄캄한 지옥의 연기로 장막을 드리우고, 나의 단도가 스스로 저지른 상처를 보지 못하도록 해다오. 그리하여 하늘도 그 검은 장막 속을 들여다보고 '안 돼! 그만두라니까!' 하고

외치지 못하게 해다오! 처음부터 잘하는 사람이 어디 있어? 그래서, 잘못하니까 배우러 온 거잖아. 나는 연기를 하고 싶어. 연기를 하고 싶다고. (주저앉아 울먹인다) 아빠, 아빠 ……

혜숙은 객석을 통해 등장. 한참을 방황하다가

혜숙   자, 오너라, 캄캄한 밤이여! 어서 와서 지척을 분간키 어려운 캄캄한 지옥의 연기로 장막을 드리우고, 나의 단도가 스스로 저지른 상처를 보지 못하도록 해다오. 그리하여 하늘도 그 검은 장막 속을 들여다보고 '안 돼! 그만두라니까!' 하고 외치지 못하게 해다오!

효진   누구세요?

혜숙   나? 히히히 나도 내가 누군지 몰라 기억에 없거든 …… 이 보이지 않는 실체들아. 너희는 내 살인의 가담자들이다. 이 풍만한 가슴팍으로 스며들어 …… 내 대사 어떠니?

효진   정말 잘 하시네요. 잔인한 인간의 양면성을 45도의 손짓과 양서류의 호흡법. 그렇죠 개구리의 배를 갈랐을 때 그 벌떡 벌떡거리는 심장의 충동으로 표현하다니! 저는 맥베드 부인이 살아서 돌아오는 줄 알았어요. 선생님.

혜숙   너 지금 뭐라고 했냐? 뭐 개구리 심장?

효진   예. 그만큼 역할을 분석하고 해석하는데 있어서 정말 세밀한 부분까지 너무도 완벽하게 표현하신다는 얘기죠.

혜숙   그러니? 개구리 심장이?

효진   그 비유가 별로 마음에 안 드세요? 그러면 그녀의 탐욕과 욕망을 이순신 장군께서 명량대첩에서 적장과 대치했을 때의 그 긴장감처럼 표현하셨다면, 어때요?

혜숙 너 뭐 하는 아이니?

효진 저요? 연기하죠 물론.

혜숙 연기를 하려면 그렇게 꼭 뭔가 다른 것들하고 비교를 해야 하니? 뭐 개구리 심장에 이순신 장군에 또 뭐가 있었어?

효진 양서류 호흡법.

혜숙 뭐라고?

효진 양서류는 피부로 호흡하잖아요. 그래서 마치 우리의 온몸에 돋아 있는 모든 감각기관이 하나로 뭉쳐

혜숙 아가.

효진 예?

혜숙 넌 아직 이 여자의 욕심을 몰라. 왕을 죽이고 남편을 왕으로 삼으려는 거야. 그런데, 이 남편이 너무 착해. 악한 일을 해야 하는데 착하다면, 애초에 끝난 거지. 이 여자는 괜히 헛물만 켜는 거야. 너 어떻게 할래? 저 밖에 내 아이에게 욕을 하고 도망간 앞집 꼬마 놈이 있어. 그놈을 혼내주고 싶어. 그런데 남편이란 작자는 그냥 놔둬. 애들끼리 놀다 보면 그럴 수도 있는 거지 허허허. 쓰레기 같은 놈. 뭐 애들끼리 놀다 보면 그럴 수도 있다고? 나는 그럴 수 없어. 그런데 마침 그놈이 계단에 서 있는 거야. 뒤에서 아무렇지도 않게 다가간다. 그놈이 뒤를 돌아 나를 쳐다본다. 나는 그 아이 놈의 눈을 똑바로 들여다보며 복수의 미소를 띠고 그놈을 그대로 밀어 버린다. 계단 아래로. 히히히. 네 남편이 이렇게 할 수 있도록 만들어야 해. 네가 원하는 걸 할 수 있는

인간으로 만들어야 한다고. 이 악하지 못한 남자를 악하게 바꿔야 해. 협박이라도 해야지. 내 아이의 모멸감을 느낄 수 있도록 잠자고 있는 남편 깔고 앉아 그 아가리에 오줌이라도 싸 넣어야 해. 아 목이 아파, 답답해. 뭔가 기억이 돌아오는 것 같다······ 저는 젖을 먹여 보았기 때문에 젖을 빠는 아이가 얼마나 귀여운지 잘 알고 있습니다. 그러나 마음만 먹으면 갓난아기가 내 얼굴을 보며 환하고 밝게 웃고 있을지라도 보드라운 잇몸에서 젖꼭지를 잡아 빼고 그 머리통을 박살낼 수도 있다고요. 나는 저 악독한 맥베드 부인으로 다시 태어났다······ 아 목 아파. 왜 자꾸 이런 말들이 생각나는지 몰라. 그리고 제대로 생각나는 것도 아니고 자꾸 가물가물 해. 근데 우리 어디까지 이야기했지?

효진　그런데 선생님 좀 무서워요.

혜숙　무서워? 이건 연기야. 무서운 연기. 히히히. 하여간 어디 얘기하고 있었어?

효진　영혼······

혜숙　그래 영혼! (혼자 킥킥 웃는다. 그러더니 바뀌어서) 넌 영혼 없는 대사를 입으로만 나불대는 거라고······ 맥베드 부인의 욕망, 탐욕을 생각해봐. 대사 속 그녀의 욕망을 들여다 봐. 그녀는 남편의 욕망을 부추기고 그가 악을 저지르도록 부추기는 잔인한 혀와 욕심을 가진 여자야.

효진　······ 네.

혜숙　잔인한 인간의 양면성을 생각해봐.

효진　네 그래요. 저도 알아요. 그러니까 양서류가 폐로도 호흡하고 피부로도 호흡하는 그런 양면성을 느끼라는 거죠?

혜숙 느껴. 그냥 느끼라고. 이 여자, 자신의 젖을 물고 있는 자기 아이의 머리통도 박살 낼 수 있는 여자야. 자기 아이의 머리통도 박살낼 수 있는 여자! 뭐라고?

효진 자기 아이의 머리통도 박살낼 수 있는 여자!

혜숙 그래. 바로 그거야. 그녀의 탐욕을 느껴 보라고.

효진 (감정을 잡고 몰입한다) 그녀의 탐욕 욕망! 욕망! …… 그러니까 서로 높은 서열을 차지하기 위해 힘을 겨루는 늑대의 욕망 같은…….

혜숙 야!

효진 자, 오너라, 캄캄한 밤이여! 어서 와서 지척을 분간키 어려운 캄캄한 지옥의 연기로 장막을 드리우고, 나의 단도가 스스로 저지른 상처를 보지 못하도록 해다오. 그리하여 하늘도 그 검은 장막 속을 들여다보고 '안 돼! 그만두라니까!' 하고 외치지 못하게 해다오! 어땠어요?

혜숙 그래 그래 좋아~ 잘했어. 조금 나아졌네.

효진 정말이요? 돌고래가 삼단고음 내는 것 같았어요?

혜숙 그래. 그래. 돌고래다.

효진 저에게도 배우의 재능이 보여요?

혜숙 재능? 그래 보인다. 재능이 필요하지. 그렇지만, 재능으로 인정받으면 뭐하니? 재능만이 능사가 아니야. 다른 것도 많이 필요해. 아 또 목이 아프네. 이상하지 왜 나는 뭔가 생각이 나려면 목이 아플까? 답답해. 어쨌든 그래. 열심히 하면 잘 될 거야.

효진 (한결 밝아진 표정으로) 그렇죠. 제가 잘하고 있는 거죠.

혜숙 그래. 이제껏 내 예감은 빗나간 적이 없어. 그러니 맘껏 희망을 가지라고 (혼잣말) 아! 한번 있었구나! 그 지긋지긋하게 게으른 년, 머리에 똥만 찬 그 계집애는 실패했었어.

효진 그게 누군데요?

혜숙 알 가치도 없는 년이야 신경 꺼. 그건 그렇고 넌 왜 배우가 되고 싶은 거야?

효진 왜요? 그냥 우연하게, 정우성을 한 번 봤어요. 무대에서. 그 모습이 너무나 황홀해서 잊을 수가 없는 거예요. 그래서 저도 배우가 되어서 그 사람과 함께 무대에 서면 좋겠다는 꿈을 꾸게 된 거죠. 그런데 지금은 그런 처음의 욕심은 사라지고 그냥 연기가 좋아요. 이게 내 인생의 목표가 된 거죠. 저는 공부 외에는 아무 것도 관심이 없었거든요. 그런데 지금은 연기를 잘하고 싶어요. 욕심이 나요. 심심했던 내 삶에 저 망망대해를 떠도는 거대한 해적선을 향해 달려오는 10미터 높이의 요동치는 파도 같아요.

혜숙 그래. 네 삶의 목표. 배우!

효진 네

혜숙 너 이 길이 쉽지 않다는 걸 알아야 해. 변수도 많고.

효진 각오하고 있어요.

혜숙 그래 주로 각오하고 있다고 하지. 너 100 빼기 1이 얼만지 아니?

효진 99죠.

혜숙 99? 틀렸다.

효진 저 이래봬도 전교 1등이에요.

혜숙 전교 1등이 이렇게 쉬운 문제도 몰라?

효진 그래요. 99.

혜숙 아니다. 100 빼기 1은 99가 아니다. 그건 0이다.

효진　에이.

혜숙　에이? 자 네가 드라마에 캐스팅되는 것을 100으로 놓자.

효진　예.

혜숙　네가 캐스팅되면 몇이냐?

효진　백이요.

혜숙　그래. 그럼 캐스팅되지 않으면?

효진　그럼 …… 빵이죠.

혜숙　이제 왜 100빼기 1이 99가 아니라 0인지 알겠어?

효진　하지만 ……

혜숙　그게 인생이야. 인생. 되느냐 안 되느냐, 이기느냐 지느냐, 먹느냐 먹히느냐, 잡느냐 잡히느냐, 사느냐 죽느냐?

　　　　남자 칼을 뽑아 들고 등장한다.

남자　To be, or not to be : that is the question :

Whether it's nobler in the mind /

to suffer the slings and arrows of outrageous fortune,

Or to take arms against a sea of troubles,

And by opposing end them?

효진　우와. (반했다) 기린처럼 긴 저 목. 학처럼 긴 저 다리. 울퉁불퉁 팔뚝에 튀어나온 저 강렬한 핏줄!! To be or not to be that is the question! 로뎅의 생각하는 사람의 고독이 느껴져요.

혜숙　지랄 …… 내가 아는 그 계집애랑 똑같네. 내가 또 사람을 잘못

봤나?

효진 저 오빠가 바로 이 기획사 소속이었죠.

혜숙 아하, 그래서, 저 놈과 한 무대에 서고 싶어서. 참, 이유하고는. 요새 애들은 도무지 이해가 안 돼. 그래, 그래서 여기 와서 저 놈 만났어?

효진 아니오. 오자마자 군대 가더라고요.

　　　쏘리 헤드폰 끼고 등장.

효진 언니 왔어요?

쏘리 ……

효진 언니.

쏘리 ……

효진 (꽥) 언니!

쏘리 응.

효진 나 하는 거 봤어요?

쏘리 응.

효진 나 좋아지지 않았어요?

쏘리 응.

효진 하여간, 언니 선생님 한 분 오셨어요.

쏘리 응.

효진 앞으로도 절 봐주실 거예요.

쏘리 응.

혜숙 쟨 아직도 저러는구나.

쏘리 Yeah!!

효진 언니, 그냥 Yeah 가 아니라니까.

쏘리 응.

효진 언니!

쏘리 응.

효진 (혜숙에게) 언니는 매사에 별로 관심이 없어요.

혜숙 나도 알아. 너무나 잘 알아.

쏘리 Yeah!

혜숙 에라이 골 빈 계집애야 그래도 옛날의 네가 더 낫다. 그때는 생
각은 없었어도 열정은 있었는데 …….

한쪽에 후배 등장.

후배 (대본을 보며 읽고 있다.) 야, 내가 너 사랑할 수 있잖아. 내가 너 사
랑하면 안 되냐? 너랑 나랑 사랑할 수도 있는 거잖아.

쏘리 야 너 지금 그걸 대사라고 하고 있냐? 그렇게 하면 안 되지. 뭔가
가슴 속으로부터 우러나오는 깊은 충동이 실려 있어야 할 것 아니야.
대사는 그냥 말을 내뱉는 것이 아니다. 네 의지가 담겨 있어야 한다.
이거 모르니?

후배 죄송합니다.

쏘리 따라 해라. 대사는

후배 대사는

쏘리 그냥 말을 내뱉는 것이 아니다.

후배 그냥 말을 내뱉는 것이 아니다.

쏘리 나의 의지가 담겨 있어야 한다.

후배 나의 의지가 담겨 있어야 한다.

쏘리 알겠지? 나의 의지를 가지고 말을 해야 한다고. 내가 가르쳐 줄 테니까 대본 이리 줘봐~ 나 봐라. 야, 내가 너 사랑할 수 있잖아. 내가 너 사랑하면 안 되냐? 너랑 나랑 사랑할 수도 있는 거잖아. 어때?

후배 예?

쏘리 뭔가 나의 강한 의지가 느껴지냐고?

후배 아직 제가 어려서.

쏘리 그래. 넌 아직 좀 어리긴 하다.

후배 저 그럼 먼저 …… (가려고 한다.)

쏘리 어딜 가려고?

후배 예. 레슨이 있어서요.

쏘리 야 인마. 가르쳐 줬으면 직접 내 앞에서 배운 걸 해 봐야 하잖아. 해봐.

후배 제가 레슨이 급해서

쏘리 이 시끼가. 빨리 안 해?

후배 예. 하겠습니다. 야, 내가 너 사랑할 수 있잖아.

쏘리 야 그게 아니라니까. 임마. 의지, 의지가 보여야지.

후배 죄송합니다. 다시 하겠습니다. 야, 내가 너 사랑할 수 있잖아.

쏘리 너 내 말 귀는 막고 코로 듣냐?

후배 네?

쏘리 야, 선배가 얘기를 하면 듣고 뭔가 바뀌어야 할 거 아니야.

후배 전 열심히 했는데요.

쏘리 네가 뭘 열심히 해? 하나도 변한 게 없는데.

후배 아니에요. 정말 열심히 했단 말이에요.

쏘리 (손가락으로 머리를 밀며) 너 지금 나한테 대드는 거냐?

후배 예?

쏘리 네가 지금 큰소리 내면서 눈 치켜 뜨고 나한테 대드는 거잖아. 인마.

후배 아니에요. 선배.

쏘리 아니긴 뭐가 아니야. 너 지금 나한테 개기는 거지. 야 뻗쳐.

후배 예?

쏘리 뻗치라고 인마.

후배 저기 선배

쏘리 어쭈, 안 뻗쳐?

후배 아니 정말 여기가 무슨 군대도 아니고.

쏘리 뭐? 군대? 여긴 군대보다 더 한 곳이야 임마. 뻗쳐.

후배 에이 씨. 나 안 할래. 엄마. (퇴장)

쏘리 야, 이 시끼야. 너 이리 안 와? 야, (쫓아가면서) 야, 정우성! 정우성!

반대편에서 동료들 들어온다.

동료1 야 정우성 군대 간대.

동료2 군대? 왜?

쏘리 그래? 어쩐지 그놈 끈기가 없어 보이더라.

동료1 너 때문에 가는 거야~ 몰랐어?

쏘리 왜? 걔 나 좋아했대?

동료들 (한숨을 쉬며) 하 …….

쏘리 왜? 왜 고백 안 했대?

동료들 하.

쏘리 하긴 고백했어도. 그놈 내 스타일은 아니다.

동료들 하.

동료1 야야야 우성이, 네가 괴롭혀서 군대 가는 거야. 알아?

쏘리 내가 괴롭혀서 군대를 갔다고? 말도 안 되는 소리 하지 마. 내가 선배로써 그놈에게 얼마나 애정을 가지고 보살폈는데. 그런 나의 마음을 그놈이 착각했는가 보다. 지 마음을 내가 받아주지 않는다고 생각해서 잊으려고 군대로 도망가는 거야.

동료들 하.

현재

혜숙 얘가 뭐랄까 좀 생각이 없는 아이야. 더군다나 옛날에 의지가 하늘을 찌를 때, 사건 여러 개 일으켰지. 네가 아직도 이 연습실에 있다는 자체가 신기할 뿐이다. 하여간 지난번 영화 찍을 때도 그래.

회상

동료1 우리 이번 영화 대박 나겠지?

쏘리 맞아 맞아 너무 좋다 우리 씨에프도 많이 들어오겠지?

동료2 우리 돈 많이 벌 거야. 내 기사 검색해 봐야겠다.

쏘리 난 벌써 네이버에 떴던 걸? 으하하하하하하.

동료1 곧 다음 작품 섭외도 들어올 거야.

동료2 이번 작품에서 뜨면 이제 좀 튕기면서 가야지.

쏘리 나는 출연료를 왕창 올려서 비싸게 부를 거야.

다른 쪽에 감독과 다른 여배우 팔짱을 끼고 등장.

감독 허허허허허

여배우 네 감독님~ 그러니까요 호호호호 (잔뜩 애교를 부리고 있다)

동료1 야 쟤 봐봐. 또 시작이야.

동료2 아 그러게 말이야 여우같은 년 꼬리치는 것 봐라 쯧쯧.

쏘리 어디어디 자세하게 말 좀 해봐. (급 흥분)

동료1 나 저 애랑 저번 작품 같이 했잖아~

모두들 (귀를 기울이며) 어어어어어

동료1 저렇게 감독님한테 눈웃음 치고 꼬리쳐서 내 대사 다 빼앗아 갔다니까.

동료2 진짜? 난 저런 애가 제일 싫어 연기도 못하면서

동료1 그치 그치?

쏘리 진짜 그랬어? 그렇단 말이지

동료1 쟤 유명해. 이제 곧 주연으로 발탁된다던데.

쏘리 안되지. 참을 수 없어. 정의사회 구현을 위해서라도 내가 나서

야겠다.

동료2 야, 참아. 그러다 너 감독 눈 밖에 나면 어쩌려고 그래?

쏘리 아니야. 도저히 그냥 있을 수 없어 정의를 향한 나의 이 양심. 야 기다려봐. 내가 잘 해결할 테니까. (감독과 여배우에게 다가간다) 감독님 죄송합니다. 이 친구랑 이야기 좀 할게요. 야 이야기 좀 하자.

여우 네??

쏘리 이야기 좀 하자고~~ 말이 안 들려? (다른 쪽으로 끌고 가며) 야 이 강도 같은 년아. 왜 남의 대사를 빼앗아가는데 어? 얼굴도 못 생긴 게!! 연기도 못하는 년이!! 콱.

여우 왜 이러세요~ (약한 척)

쏘리 또또 사람들 본다고 연기 하는 거 봐라. 너 오늘 죽어봐야 돼. 다음부터는 잘 생각하고 행동해. 내가 널 지켜보고 있다가 또 그런 짓 하면 바로 응징할 거야. 그래야 우리나라가 정의사회가 되는 거야. 이 나쁜 년아.

모두 덤벼들어 뜯어 말리고 그 틈에 여배우와 감독은 도망친다.

혜숙 봐라. 저 사건 뒤로 너 작품 하나도 안 들어왔잖아.

쏘리 아니 왜 우리사회는 정의로우면 피해를 보는 거지?

혜숙 정의? 네 입에서 정의라는 말이 나오니? 너 경찰서에서도 어떻게 했는지 기억나지?

경찰 들어온다.

경찰 쏘리 씨 폭행이에요. 기억하시죠? 증인도 충분히 있고요.

쏘리 (고개 숙이고) 그게 아니라 …… (고개를 든다) 헉. (반했다는 행동)

경찰 자, 묻는 말에 정확하게 대답하세요.

쏘리 (앉아서 경찰 뚫어지게 쳐다본다)

경찰 이름, 쏘리 킴 맞나요?

쏘리 Yes, It's just my name. What's yours?

경찰 주소 서울특별시 강남구 논현동

쏘리 and you 청담동?

경찰 이것 보세요. 지금

쏘리 네. 보고 있어요. I wanna be seeing you.

경찰 저를 보지 마시고

쏘리 그럼 어딜 볼까요? 당신으로부터 빛이 나오는데 그걸 보지 않는다면

경찰 여보세요.

쏘리 네. 보고 있다니까요.

경찰 저기. 쏘리 킴 씨. 지금 사람을 패서 경찰서에 잡혀 온 거예요. 아시겠어요? 아직 상황 파악이 정확하게 안 되시는 것 같은데.

쏘리 그게 뭐 중요해요? (폰을 내밀며) 자 여기 내 번호, 찍으세요.

경찰 엄마! (소리지르며 도망)

현재

혜숙 생각 좀 하고 살아. 계집애야. 언제까지 그렇게 생각 없이 살래?

넌 도대체 왜 사는 거니?

쏘리   당연히 연기를 하기 위해서 살지. 조금만 기다리면 곧 내 시대가 올 거야. 언니도 기대해!

혜숙   그렇게 해서 잘도 성공하겠다. 네가 얼굴 좀 예쁘고 키 좀 크다고 세상에 뵈는 게 없니?

쏘리   언니는 나를 몰라. 나는 다른 애들과 차원이 달라. 나의 뛰어난 연기력, 나의 깊이 있는 지성, 그리고 나의 카리스마 넘치는 시선.

혜숙   너하고 얘길 시작한 내가 잘못이다. 그래 너 훌륭하다.

쏘리   그걸 이제야 알았어? 그나저나 그때 그 경찰 진짜 내 스타일이었는데 그대여. 어디에 있나요? 나를 잊지 말아요.

효진   돌고래가 아가미로 숨 쉬는 것 같은 어이없는 상황이네요

쏘리   Oh, Where are you, my darling??

혜숙   제발 인생을 그렇게 쉽게 살지 마.

쏘리   어렵게 살 것도 없어. 어차피 한 번 살고 죽는 거니까. 나는 인상 쓰지 않고 웃으며 살다가 죽을 거야. 인상 쓰고 궁상떨면서 산다고 안 되는 일이 되는 것도 아니잖아. 그럴 바에는 차라리 웃으면서 사는 게 더 낫지. 웃다 죽은 귀신은 때깔도 곱다던데.

효진   언니, 웃다 죽은 귀신 아니고 잘 먹고 죽은 귀신,

쏘리   응? 그래. 잘 먹으면 웃음도 잘 나오는 거야. 허허허허

혜숙   그래. 너 잘 났다.

보희   (들어오면서) 실례합니다.

모두 쳐다본다.

보희   저기, 대표님이 여기에서 기다리라고 하셔서.

효진   언니 연기하러 왔어요? 내 후배네. 언니 알죠? 여기는 기수가 중요해요. 언니는 내 후배니까 내 말 잘 들어야 해요.

보희   응? 그렇게 해야 해?

효진   그럼요. 그런데 기타를 메고 있는 걸 보니, 노래할 건가요?

보희   응.

효진   그래요? 언니 노래 잘하는가 봐요.

보희   아니, 꼭 그렇진 않지만. 그러니까 연습생으로 들어오려는 거지. 잘하면 벌써 뭘 하고 있겠지.

효진   아니에요. 요샌 잘하는 사람이 너무 많아서 아무리 능력이 있어도 순서를 기다려야 한대요.

혜숙   (어느 새 옆에 와 있다.) 노래를 하려고?

보희   예. 안녕하세요?

혜숙   노래? 노래 좋지. 내가 말이야 옛날에 정말 토탈 엔터테이너가 되려고 노래까지 다 배웠단 말이야. 내 노래 하나 들어볼래?

       노래 하나.

혜숙   자 이제 네 차례다. 네 노래 한 번 들어보자. 당연히 나보다 잘해야 한다. 잘 못하면 국물도 없는 줄 알아라.

효진   그래요. 우리 한 번 들어봐요.

보희   잘 못하는데.

쏘리   한 번 해봐요. 근데 몇 살? 나랑 비슷해 보이는데.

보희 일곱이요.

쏘리 일곱? 우리 동갑이네. 그런데 뭐하다 이제 왔어? 여기서 우리 나이는 거의 퇴물이야.

보희 정말이요?

쏘리 하지만, 잘 하면 되지. 일단 노래부터 한번 들어볼까? 부족한 부분은 내가 가르쳐 줄게. 여기 잘 나가는 애들 다 내가 가르쳤거든. 군대 간 정우성이도

　　　남자 등장.

남자 보희 씨 대표님이 테스트 좀 해 보라던데. 곡도 쓴다며? 어디 일단 하나 들어볼까?

보희 예.

　　　노래 한 곡.

남자 하고 싶은 이야기가 뭔데?

보희 예?

남자 지금 그 노래를 통해서 하고 싶은 이야기가 뭐냐고?

보희 아니 저는 그냥

남자 그래 그냥 무슨 이야기를 하고 싶은 거냐고?

보희 그냥 제 느낌이 ……

남자 느낌이?

보희 그냥

남자 그 노래를 듣고 관객이 뭘 느끼길 바라? 또는 어떤 인상을 전달하고 싶은 거야?

보희 그런 거는 아직 생각을 안 해봤는데요.

남자 희망이 뭐야?

보희 예?

남자 희망이 뭐냐고.

보희 그거야 가수죠.

남자 그냥 노래만 부르는 가수?

보희 ……

남자 그럼 보희 씨는 로봇인가?

보희 ……

남자 생명이 있어야지 목적이 있어야지 노래를 통해 도달하고 싶은 어떤 목표가 있어야지. 보희 씨 노래 속에 어떻게 삶을 녹여 넣을까? 그리고 그 노래를 듣는 관객들이 어떻게 내 생각을 공유할 수 있을까? 이런 근본적인 것에 대한 생각이 없다면 그건 예술가가 아니지. 그냥 노가대지. 알겠어? 예술가로서의 자존심, 그게 필요하지.

보희 예. 알겠습니다.

남자 그 부분부터 생각해 봐요.

남자 퇴장

혜숙 자식, 되게 깐깐하게 구네.

보희 아니 저 얘기가 맞는 거 같아요. 사실 저는 저런 얘기는 아직 한 번도 생각해 보지 않았거든요. 그냥 열심히 잘 하면 된다고만 생각했어요.

효진 트레이너 오빠가 가끔 괜찮은 얘기 많이 해요. 비싸서 먹기 힘든 웅담 같은 명언!

쏘리 웅담 같은 명언! 그래 쓴 거는 똑같다. 히히히히.

무대 뒤 조명 들어오며 남자 등장.

아빠 보희야. 네 노래를 들었다. 잘하는 구나. 잠들어 있던 이 아빠의 영혼을 깨울 만큼. 이제 곧 가수가 되겠구나. 네가 노래로 세상을 비추는 별이 되기를 아빠는 진심으로 바란다. 아무런 걱정 말고 열심히 노력해라. 잘 된다는 희망을 가지고 최선을 다해라. 아빠가 항상 네 곁에 있어 줄게. 사랑한다. 아가.

보희 아빠. 아빠.

효진 언니. 언니 왜 그래요? 아빠가 보여요?

보희 아빠가 내 노래를 들었어. 항상 내 곁에 있겠다고 하셨어.

효진 언니.

보희 아빠. 제가 간직하고 있는 유일한 기억이죠. 아빠와 함께 노래 부르던 것. 아빠.

효진 나도 우리 아빠 생각 나. 아빠. 아빠. 우리 아빤 제가 연기하겠다고 올라올 때 아무 말씀도 하지 않으셨어요. 전 아빠가 무관심한 거라 생각했는데 …… 꿈을 꾸는 딸에게 아무것도 해 줄 수 없던 그런 아빠의 맘이 …… 가슴이 …… 얼마나 미어졌을까요?

무대 뒤에 남자 나타나 시 낭송.

남자 날마다 혹시나 하는 기다림을
　　　포도송이처럼 무겁게 달고
　　　어둠 속을 걷는 사람에겐
　　　하루도 견디기 힘들 거야
　　　놀아도 서울에서 놀래요 하더니
　　　기획사 높은 담 기웃거려 봐야
　　　키가 작아 볼 수도 없지
　　　작은 키는 무엇으로 키워주랴
　　　소리만 요란한 빈 트럭인 듯
　　　아빠는 재주가 없단다
　　　지금쯤은 어둠에 푹 젖었을 터
　　　어두울수록 빛은 밝으리니
　　　비굴하게 살진 말아라

남자 퇴장하고, 효진 아빠를 부르며 그 뒤를 천천히 따른다.

쏘리 야, 이거 갑자기 왜 이러니? 나도 아빠 있어. 나도 아빠 사랑해.
안돼. 난 웃고 살기로 했단 말이야. 허허허허. 우리 다른 얘기 하자. 다
른 얘기.

보희에게 다가가

쏘리 너는 이제부터 내가 책임지고 교육시킬 테니까 나만 잘 따라와.

보희 정말? 그런데 난 아직 아무 것도 모르는데 ……

쏘리 걱정 없어. 내가 시키는 대로 하면 돼.

혜숙 애. 넌 자꾸 이상한 소리 좀 하지 마라. 네가 누굴 뭘 키우겠다는 거야?

쏘리 어머. 언니 왜 이래? 이래봬도 나 정우성 연기 지도한 여자야.

혜숙 그래서 군대 보냈지.

효진 어? 언니가 우성이 오빠 군대 보낸 거예요?

쏘리 몰라 난 잘 모르는데 …… 걔가 나 좋아했다는 것만 알아.

혜숙 그래 저 애야 정우성 군대 보낸 애 ……

효진 Oh my god. She's driving me crazy! Fuck you!!! You stupid cow!!!

쏘리 So, what?

둘이 한쪽에서 진행하는 사이 이를 보고 혜숙 보희 웃다가

보희 (혜숙에게) 근데 언니는 누구세요?

혜숙 나? 나는 배우지.

효진 그래요. 그러고 보니 다른 사람들은 다 알겠는데 선생님만 모르겠어요. 선생님 성함이 어떻게 되세요? 그 깊이 있는 대사가 정말 소름 끼치도록 멋진 배우. 성함이?

장면이 진전되어 간다.

혜숙 이름? 내 이름. 내 이름이 생각 안나. 아 나는 레이디 맥베드. "전신의 피를 혼탁하게 하여 연민의 정이 얼씬도 못 하게 하고 양심의 가책이 나의 흉악한 결심을 뒤흔들거나, 혹은 그 가책으로 인해 실행을 단념하게 하는 일이 없도록 해다오." 그래. 맥베드 정신 똑바로 차려라. 네 놈이 좀 더 악하게 되어 덩컨 왕의 그 기름진 배때기에 너의 단도를 깊게 쑤셔 넣어야지. 그리고 그 칼로 그놈의 목을 따고 그 흐르는 뜨거운 피로 네 온몸을 씻어야지. 그 피로 너는 왕이 될 테니까. 네 머리에는 그놈의 피가 묻은 왕관이 올라갈 테니까. 여보, 이것 밖에 다른 방법은 없어. 이리 와요. 내 가슴에 당신의 머리를 박아요. 내 젖을 빨아요. 아~~ 당신에게 힘을 줄 거예요. 그놈의 배때기에 칼을 꽂아 넣을 힘을.

효진 무서워요.

쏘리 언니. 무슨 그런 끔찍한 얘기를 해?

보희 그래요. 그만 하세요.

혜숙 (미친다.) 아니야. 아니야. 나는 폭발하고 싶어. 뭔가 모를 뜨거운 것이 내 속에 있어. 그것이 내 얼굴의 모든 구멍을 뚫고 솟아나올 준비를 하고 있어. 내 눈깔들이 튕겨 나가고 내 콧구멍이 터져 나가겠지. 내 두 귀에서 뜨거운 뭔가가 흘러나온다. 나의 뇌. 물처럼 변해버린 내 뇌가 내 귀를 통해 빠져 나오고 있어. 뜨겁다. 뜨겁다. 온몸이 뜨겁다. 나는 아무 것도 느끼고 싶지 않다. 싫다. 이 세상이 싫다. 너무 싫다.

쏘리 (한발 나서며) 저기, 언니?

보희 뭔가 옛날 생각이 나요?

혜숙 그래. 옛날 생각이 난다. 하나씩 떠오른다. 그런데 모르겠어. 내가 누군지. 뭔가 내 속에서 내가 누구라고 알려주는 것 같은데, 그런데 모르겠어.

효진 저기 우선 이름만 기억해 보세요. 그래서 네이버에 물어보면 금방 알려줄 테니까.

쏘리 그래. 그렇지 않아도 전부터 물어보고 싶었는데. 왜 언니는 나만 보면 자꾸 트집을 잡으면서 시비를 거는 거야? 언니는 누구야?

혜숙 (갑자기 또 돌변해서) 넌 너무 예쁘게 생겼어.

쏘리 언니 사람 볼 줄 아네.

혜숙 넌 너무 예뻐. 예뻐. 예뻐.

쏘리 아니, 왜 왜 이래? 언니.

혜숙 넌 너무 예쁘다고 …… 난 사람들이 싫어. 이유는 몰라. 하지만 사람들이 싫어. 모두 싫어. 모두 날 쳐다보는 것 같아. 싫어. 싫어. 저리 가. 저리 가라고.

효진 저 선생님. 선생님.

혜숙 응? 응? 내가 지금 무슨 말을 했지? 넌 누구니? 내가 어디에 있는 거지? 난 가끔씩 내가 어디에 있는지 헷갈릴 때가 있어. 그런데 자세히 보면 사실 나는 항상 이 연습실에 있지. 그런데 내가 무슨 얘기를 하고 있었던 것 같은데.

쏘리 내가 예쁘다고!

효진 맞아요. 저 언니 예쁘다고 했어요.

혜숙 그래 예쁘지. 넌 참 예뻐. 그런데 골이 비어서 탈이지. 생각이 없어서 탈이지. 이 바보 같은 년. 예쁘고 키 크면 뭐해? 생각이 없는데. 게으른데. 자꾸 성공하려는 자기의 인생을 스스로 걷어차고 있는데. 그래 생각이 나. 어렴풋하게 떠올라. 나의 지난날이. 난 배우였어.

남자 등장.

줄리엣 로미오. 로미오. 왜 당신은 로미오에요. 몬태규 로미오. 아버지와 이름을 버려. 그것이 싫으면 날 사랑한다고 맹세라도 해. 그럼 내가 이곳을 버릴게. 몬태규 로미오. 당신 이름만이 나의 원수잖아. 로미오 로미오. 그것들만이 날 그와 갈라놓네. 그건 손, 발, 얼굴 아무것도 아니잖아. 로미오란 이름이 아니더라도 당신은 당신이야. 그 이름을 버리고 날 가져. 오 로미오.

로미오 그대를 갖겠소.

줄리엣 어떻게 왔어. 들키면 죽어.

로미오 진흙 같은 밤을 뒤집어쓰고 있으니 염려 말아요.

줄리엣 내 말 엿들었죠? 경박한 애라고 생각해? 나 사랑해요? 로미오. 내가 너무 쉽게 걸려들었어. 솔직히 말해줘. 까탈부리고, 찡그리고, 심통 낼까? 그래도 나 사랑하지? 그럼 빨리 대답해봐.

로미오 저 청순한 달을 걸고 맹세해.

줄리엣 저 변덕쟁이 달은 싫어. 달을 건 맹세는 하지 마. 저 달은 한 달 내내 그 모습을 바꾸잖아. 난 당신 사랑이 그렇게 될까 무섭고 두려워요. 당신을 걸어요. 난 당신을 믿으니까.

로미오 사랑해요.

줄리엣 너무나 갑작스러워 당황되네. 나만의 사랑인줄 알았는데 마치 번갯불 같아.

로미오 내 맹세를 주었으니 당신의 맹세를 받고 싶소.

줄리엣 당신이 말하기 전에 이미 내 마음을 다 주었는걸. 또 주고 싶고, 되돌려 받고 싶고, 내가 갖고 있는 것을 내가 탐내고 있어. 저기, 내 사랑은 바다 같은가 봐요. 그래서 퍼내면 더 많아져요.

쏘리 줄리엣! 줄리엣!

남자 퇴장.

효진 멋지다. 절대 깨지지 않는 다이아몬드보다 더 아름다운 사랑의 맹세.

혜숙 갑자기 어슬렁거린다. 마치 하이에나가 양 주위를 돌듯.

혜숙 나도 한 때 잘 나갈 때가 있었어. 이 세상이 모두 내 것만 같았지. 나는 주인공이고 싶었어. 모두의 주목을 받는 최고의 스타가 되고 싶었어. 사람들이 내 이름을 부르며 환호할 것이고 내가 가는 곳마다 나를 보기 위해 몰려 들 거야. 그때 그를 만났어. 내 삶에 새로운 의미를 준 그 사람. 그는 평범한 사람이었어. 평범한 직장인. 착한 사람. 우리는 서로 사랑했고 곧 결혼했지. 그리고 아이도 생겼어. 그리고 나는 점점 더 열심히 내 일을 했지. 그런데 갑자기 …… 아, 목이 아파. (소리 지른다.) 아 목이 아파.

효진 (다가오지는 못하고 한 쪽 귀퉁이에서) 선생님. 왜 그래요? 목이 아파요?

쏘리 언니. 언니. 그러지 마. 무섭잖아.

혜숙 아, 목이야. 목이 아프다고. 칼 가져와. 이 목을 잘라야겠어. 너무 목이 아파. 이 목이 없으면 아프지 않겠지. 칼 가져와. 칼 (뛰어 다니며 칼을 찾는다.) 내 이 아픈 목을 칼로 댕겅 잘라 내면 어떨까? 내 목에서 피가 분수처럼 솟구치겠지. 얼마나 높이 올라갈까? 저 천장까지 올라갈까? 내 뜨거운 피, 시뻘겋게 이 무대를 가득 채울 거야. 그래 내 피로 이 무대를 덮어 버리는 거야. 내 피로 이 세상을 덮어 버리는 거야. 목 잘린 내 몸에서 피가 흘러 넘쳐 이 세상을 덮을 거야. 꼴 보기 싫어. 모두 보기 싫어. 모두 보기 싫어. 칼! 칼! 칼 가져와. 내 목을 자를 거야.

보희 119 부를까요? 지금 불러야 하는 상황 아니에요?

혜숙 그때 내가 한참 열심히 하고 있을 때, 나에게 남편이 있고 아이가 있고 또 내가 사랑하던 일이 있던 그때, 그때, 그 일이 터진 거야.

효진 일이요? 무슨 일이요?

혜숙 어느 날. 난 술을 마셨어. 감독과 제작자와 함께.

남자가 객석으로 나온다.

남자 (관객에게) 김 감독. 그동안 내가 돈도 많이 댔잖아. 자네가 만들던 영화중에 별로 장사가 안 되는 영화도 내가 손해 다 안고 갔는데. 그 괜찮은 아니 하나 소개해 준다더니. 어딨어? (혜숙을 가리키며) 아, 저 아이야? 예쁘네. 자네가 내 취향을 제대로 아는구만. 시퍼렇게 뭘 모르는 애들보다는 저렇게 뭘 좀 아는 애들이 즐기기에 좋지. 나이도 적당히 있고. 고마워. (무대로 올라와서) 자 가자. 오늘은 내가 널 여왕으로 만들어 주마.

혜숙 저기, 제작자님. 저기 뭔가 오해가 있으신 것 같아요. 저는 가정이 있는 사람이에요.

남자 그래? 가정? 그거 좋지. 짜릿하지 않아? 응? 밤에는 집에서 남편과 그리고 낮에는 이렇게 나와 즐기면 되니까. 내가 널 책임지고 키워 주지. 감독도 다 알아.

혜숙 저기 제작자님. 그게. 저는 그러니까 자꾸 이러시면 안 됩니다.

남자 야, 이거 아주 새로운데. 그래 그렇게 적당히 빼고 그래야 훨씬 맛이 나지.

혜숙 저 제작자님. 저 먼저 가 보겠습니다.

남자 뭐라고? 가긴 어딜 간다는 거야?

혜숙 집에서 가족이 기다려서요. 그럼.

남자 야, 너 이리 안 와. 너 감독도 다 알고 있어. 네 소속사 대표도 알고 있을 거고. 그냥 나하고 가볍게 즐기면 되는 거야. 아무도 이 일은 얘기하지 않으니까 너와 나만의 비밀로 남는 거지.

혜숙 저, 제작자님. 저는 아무래도.

남자 너 정말 이럴 거야. 이러면 좋지 않다.

혜숙 죄송해요.

남자 에이 씨. 그래 네가 뭔가 착각을 하고 있는가 본데, 어디 두고 보자. 네가 얼마나 잘 나갈지.

남자 퇴장.

혜숙 그놈에게 지옥에라도 가라고 욕이라도 해 줄걸. 개새끼들. 개새
끼들. 지옥에나 가 버려. (주저 앉는다.) 갑자기 무명 시절 내가 찍었던
싸구려 에로 비디오들이 나타나 뿌려지기 시작했어. 사람들이 나를
비난했어. 싸구려 배우가 고고한 척 했다고. 인터넷에서도 난리가 났
고 나는 하루아침에 유명해졌지. 참다못한 남편은 아이를 데리고 집
을 나갔고 나는 외톨이가 되었지. 나는 외출도 할 수 없었어. 모두가
날 쳐다보는 것 같아서, 그들이 내 발가벗은 몸을 유심히 훑어보고 있
는 것 같아서 도저히 나갈 수가 없었어. 내 꿈은 산산이 부서졌어. 나
는 신을 원망했지. 신이시여. 신이시여! 개새끼. 아무런 대답도 하지
않더군. 내가 내가 뭘 잘못했어. 왜 내 인생이 왜 이렇게 망가져야 해?
신이시여 신이시여. 왜? 왜? 왜 내 인생에 이런 고통을 주시나요? 내가
뭘 그렇게 잘못했나요? 난 열심히 살았어요. (운다.)

효진 선생님.

쏘리 언니. 미안해요.

보희 언니, 들어봐요. 언니의 마음을 대변하는 노래에요. 〈한 여배우
의 노래 — 더러운 세상〉.

더러운 세상 엿 같은 세상 니들 맘대로 하는 세상
개입하지 마 쳐다보지 마 내 삶에 발 담그지 마
꺼져 사라져 꼴 보기 싫어 이 쓰레기들아
엿 같은 놈들 욕심만 있는 놈들 지들 배때기만 채우는 놈들

니들이 뭐냐 니들이 뭘 하냐 이 개 같은 놈들아 이 쓰레기들아

신? 개똥 같은 신? 엿먹어 능력도 없는 신이시여 엿이나 드셔

당신은 뭘 보고 있어 저 쓰레기 같은 놈들이 설치는데 왜 보고만

있어

착한 사람은 병신 되고 선한 사람은 바보 되고

욕심 없는 사람은 거지 되고 평화를 원하는 사람 바보 멍청이

힘 있는 놈들이 세상을 지배하고 그들만의 가치로 세상을 지배해

무릎 꿇으면 용서를 꿇지 않으면 죽음을

더러운 세상 엿 같은 세상 니들 맘대로 되는 세상

개입하지 마 쳐다보지 마 내 삶에 발 담그지 마

엿 같은 세상

노래 끝.

효진 야, 그거 노래 좋다. 언니. 그거 발표하면 대박이겠다.

보희 그렇지. 내 혼이 들어간 노래야.

쏘리 그래 좋다. 내가 받아 주지. 나하고 듀엣으로 가자.

둘이 질러가는 부분 화음 넣어서 멋지게 부르고 난 후

쏘리 야, 시원하다. 속이 다 뚫리는 것 같은데, 역시 우리는 환상의 듀엣이야. (객석을 보고) 어이 후배님들. 우리 다 같이 한 번 불러볼까? 자 우리가 먼저 하고 후배님들 같이 한 번 하고.

쏘리와 보희가 같이 다시 한 번 부르고 관객과 함께 한 번 부르고, 박수치고
감사합니다 후에

효진　(혜숙에게) 그런데 선생님, 그게 언제 얘기에요?

혜숙　언제?

효진　그 사건. 인터넷에서도 난리였었다면서요? 그래서 선생님 이름
이 뭔데요?

혜숙　박혜숙.

쏘리　박혜숙? 그 이름 들어본 것 같은데. 꽤 된 얘긴데.

보희　그래 그거 한 때 꽤 유명한 사건이었는데.

효진　그럼 선생님이 그 박혜숙.

쏘리　아니지. 박혜숙 배우는 자살했는데.

보희　맞아. 기획사 연습실에서 목매달아 죽었다고 나와 있는데.

혜숙　죽다니? 내가? 무슨 얘기야? 난 여기 이렇게 있는데. 내가 죽었
다고? 인터넷에 그렇게 써 있어? 이놈들이 날 욕하는 것도 모자라 이
제 죽었다고 헛소문까지 퍼뜨리네. (스카프를 풀며) 내가 무슨 목을 매?
봐. 보라구. 내 목이 어때서? 내 목이 어때서? 그런데 이게 뭐야? 이 목
의 상처.

쏘리　그럼 언니는 뭐야? 언니는……

모두 으악. 한 쪽으로 도망. 혹은 객석으로 도망.

혜숙　내가 죽었다고? 내가? 아니야. 난 여기 이렇게 있잖아. 너희들이

나를 볼 수 있잖아. 너희들 귀신이 보이는 것 봤어? 너희는 모두 나를 볼 수 있고 나하고 얘기도 했잖아. 지금까지. 자 나를 만져봐. 나를 만져보라고. 따뜻하지? (이건 관객에게 할 수도 있다.) 너 봤어? 귀신이 따뜻한 것 봤어? 귀신은 차가운 거야. 온몸의 피가 빠져 나가 식어 비틀어졌기 때문에 차가운 거야. 피부색도 퍼렇고 온통 뻣뻣하지. 그런데, 나를 봐. 내가 뻣뻣해? 내가 차가워? 난 죽지 않았어. 아니 죽을 수 없어. 내 삶이 있는데 내가 도달해야 할 목표가 있는데 내 인생이 아직 끝나지 않았는데 어떻게 죽을 수가 있어? 나는 죽지 않았어. 나는 죽지 않았다고.

쏘리 저기요. 언니. 미안해요. 우리 아무 소리 안 할 테니까 그냥 조용히 가세요. 제발이요. 엉엉

혜숙 가라고? 어디로? 나에게 어디로 가라고? 내가 어떻게 갈 수 있어? 내가 뭘 잘못 했어? 아니야. 이건 불공평해. 이럴 수는 없어. 왜? 왜? 왜 내가 죽어야 해? 내가 무슨 죽을죄를 졌는데? 난 이렇게 갈 수 없어. 나는 그놈들을 잡아서 내 동료로 만들 거야. 이놈들 어디에 있어? (마치 실성한 듯이 이상한 소리를 내며 온통 무대와 객석을 헤집고 다닌다. 가능한 그로테스크한 이미지로.) 이놈들 어딨어? 나와. 나와 함께 가자. 가기 전에 할 일이 있어. 모가지 앞으로 내밀어. 난 그놈들 목을 잘라 목에서 솟구치는 시뻘건 뜨거운 피를 마실 거야. 그리고 덜렁 잘린 그놈들 대가리에 불을 붙여 횃불로 삼을 거고, 그놈들 몸뚱이를 마차 삼아 타고 갈 거야. 히히히히. 안돼. 난 이렇게 갈 수 없어. 돌려줘. 내 아이, 내 남편. 그들 모두 돌려줘. 나는 아무 것도 잘못한 게 없어. 난 죄가 없어. 아 목이 아파. 또 목이 아파. 칼을 줘. 칼. 내 목을 잘라야 해.

아프지 않게 내 목을 잘라야 해. 내 얼굴이 부끄러워. 내 얼굴을 가려
야 해. (많은 것이 요구되고 생각되어질 장면이다. 어쨌든 …… 한동안 상황이
진행된 후) 나는 그놈들 목을 자를 때까지 여기를 떠날 수 없다. 그리고
너희들도 너희들 목표가 완수될 때까지 여길 떠날 수 없다. 알았어?

모두　예.

혜숙　(객석을 향해) 너희는 왜 대답이 없어? 알았어?

객석　예.

혜숙　그리고 잊지 마라. 너희가 사는 세상은 100빼기 1이 99가 아닌 0
인 세계다.

쏘리　에이 진짜. 내가 귀신이라고 조금 무서운 척 해 줬더니 점점 더
가관이네. 그런 게 어디 있어? 100빼기 1이 99지 그게 어떻게 0이야.

혜숙　에이 계집애. 야 좀 끝까지 가자. 끝까지. 일찍 죽은 선배 귀신에
대한 예우차원에서라도.

쏘리　아이구, 무시라.

효진　그런데 오늘은 진짜 무서워 보였어요. 멋있어요.

혜숙　봐라. 애 얘기하는 거. 애가 얼마나 경우가 바르니. 그래서 네가
욕을 먹는 거야.

쏘리　언니. 이제 그 말도 안 되는 얘기 그만해. 100빼기 1은 0이 아니
라 99야. 99. 온 세상 천지에 다 물어봐. 누가 0이라고 대답하나? (관객
에게) 얼마에요?

　　　관객의 대답에 따라 배우들이 그 대답에 끼어들어 약간의 논쟁을 벌인다.

효진 맞아요. 세상에 절대 최고는 없죠. 물론 겉으로 보기에는 100과 0으로 딱 갈리겠지만, 그런데 선생님 논리를 반박하자면, 그래. 내가 원하는 역할에 캐스팅되면 100이고 안되면 0이 맞겠죠. 하지만 만일 다른 역할에 캐스팅 된다면 그것도 0인가요? 그건 0은 아닐 것 같은데. 원래 희망했던 역할과 비교해 보면 그래도 한 몇십 정도는 되지 않을까요? 선생님 논리는 너무 이분법적 흑백논리가 과한 것 같아요.

쏘리 그래. 역시 너 전교 1등답다. 그렇지 지금 이 순간 목표를 향해서 가고 있는데, 언니 얘기에 따르면 가는 건 없고 아니면 중요하지 않고, 결과가 100이나 0이라는 거잖아. 그런데, 가만히 생각해 보니까 언니 얘기도 맞다. 그렇지 결과가 중요하잖아. 복권 긁어서 안 되면 꽝이잖아.

효진 언니는 도대체 어느 편인 거야? 언니가 그래서 공부를 못하는 거야. 의견이 확실해야지 이럴 때는 이런 것 같고 저럴 때는 저런 것 같으면 도대체 어떤 게 맞는다는 말이야.

혜숙 아니다. 이제야 말로 저것이 제 정신으로 돌아오는가 보다. 다행이네. 죽어서라도 정신을 차렸으니.

효진 그럼 결과는 누가 평가해요? 100이다 0이다의 결과는? 예를 들어 내가 어떤 드라마 오디션에서 떨어졌어요. 그럼 분명 그 오디션의 결과는 0이죠. 그러면 끝인가요? 그 다음의 내 인생은 없나요?

쏘리 그렇지. 그러니까 길게 놓고 보면 다음도 있고 그 다음도 있는데 결국 마지막까지 가 봐야 결과가 0인지 아니면 100인지 알 수 있다는 거네. (보희에게) 야, 네 생각은 어떠니?

보희 예?

쏘리 네 생각은 어떠냐고?

보희 저요? 그런데요. 저 궁금한 게 있는데요. 혹시 세 분 다 귀신이에요?

혜숙 그럼 넌 아니니?

보희 아빠 …… 아니에요. 저는 사람이에요.

효진 언니가 사람인지 귀신인지 어떻게 알아요?

보희 저 가까이 오지 마시고요. 무서워요.

효진 우리도 무서워요.

보희 제발요. 제발 가까이 오지 마세요.

쏘리 뭐가 무섭다고 그래. 조금 전까지 함께 떠들고 노래하고 신나게 놀아놓고는. 모를 때는 괜찮고 알고 나니까 무섭다는 거야?

보희 무서워요. 아빠.

남자 (등장하며) 그래. 아빠 여기 왔다.

보희 으악. 이제 남자 귀신까지.

남자 애 귀신 아닌가?

쏘리 아닌가 본데. 어쨌든 살았든 죽었든 중요하지 않고, 네 대답을 들어보자.

보희 무슨 대답이요?

혜숙 아까 우리가 한 얘기. 100빼기 1이 99냐 0이냐?

보희 글쎄요. 각자 얘기하신 게 다 옳은 것 같은데.

쏘리 확! 너도 귀신 되고 싶니? 하나 골라봐.

보희 아니, 그러니까 분명 뭘 하려다 안되면 0이 되는 건 맞는 것 같아요. 그런데 아까 저 귀신 분 얘기처럼 결국 끝까지 가봐야 알게 되잖아요. 그래서 끝까지 가보지 않고 도중에 죽으면 결국 100빼기 1은 무조건 0이 될 수밖에 없는 거고 또 끝까지 가서 성공하면 100이고 실패하면 0이 되는데. 어쨌든 사람은 모두 죽으니까 마지막에 100인지 0인지는 알 수 없을 것 같은데요.

효진 언니도 전교 일등?

혜숙 아니 평가는 자기가 하는 거지. 내 삶이니까.

보희 그럼 하나의 사건으로 0이 되면 무조건 0인가요?

혜숙 그럼. 0이지.

보희 그럼 0이 되면, 다음엔 어떻게 해야 하나요? 다음 또 다른 100을 향해 가야 하나요? 아니면 그냥 죽어야 하나요?

혜숙 뭐라고? (화를 낸다.)

보희 아빠! 죄송해요. 잘못했어요. 죄송해요.

남자 너 말 잘한다. 맞아. 일단 하나를 해서 잘 안되면 0이지. 그럼 그 다음에는 어떻게 해야 돼? 그냥 죽나? 아니면 다시 다른 100을 향해 출발해야 하나?

보희 저는 다시 출발할래요. 또 다른 100을 향해.

효진 저도 다시 출발할래요.

쏘리 넌 다시 못해. (잠깐 멈추었다가) 죽었으니까.

일순간 정적.

쏘리 (웃으며) 우리는 죽어서 더 이상 100도 99도 1도 0도 다 의미가 없다. 이제는 더 이상 뭘 하고 싶어도 할 수 없고 우리는 여기에서 나갈 수도 없고 그냥 영원히 여기에 이렇게 갇혀 있어야 한다. 나는 웃을 거다. 난 울지 않기로 했다. 옛날에 처음 내가 연기한다고 할 때 아빠가 말렸어. 쉬운 일이 아니다. 더구나 너는 끈기도 없어서 더욱 어려울 테니까 평범한 일을 하지 그러니? 그러면서 얘기했지. 너, 세상이란, 특히 그 세계는, 100빼기 1이 99가 아니라 0이 되는 곳이야. 하나 잘못하면 그냥 완전히 끝나는 거야. 난 아빠의 그 말뜻을 몰랐어. 내가 죽을 때까지도 그 말뜻을 몰랐어. 내가 너무 쉽게 생각했었나 봐. 생각 없는 내 행동들이 나를 이렇게 만들었지. 내가 바보는 바보인가 봐. 아빠. 아빠. 아빠 나 이제야 아빠가 한 얘기를 알았어. 이제야. 죽은 다음에야. 갑자기 아빠가 보고 싶어. 그동안 잘 몰랐는데 아빠 알아? 내가 아빠를 엄청 사랑했는가 봐. 그래서 공연 때 아빠 오면 나 무지 떨었었어. 그래서 대사도 버벅이고 실수도 많이 했지. 가장 멋지게 보이고 싶은 순간이었는데, 아빠에게 인정받고 싶은 순간이었는데. 아들 없이 딸만 키우는 아빨 보면 왠지 모르게 미안했어. 다른 아이들처럼 같이 공도 못 차고 목욕탕도 혼자 가야 하고, 우리 아빠 등은 누가 밀어줄까? 여자들 사이에서 우리를 등에 짊어지고 묵묵히 걷던 아빠. 어깨가 너무 무겁지는 않았을까? 외롭지는 않았을까? 내가 가장 사랑하는 남자, 나를 가장 사랑하는 남자. 아빠. 보고 싶어. 그리고 다시 아빠를 만날 수 있다면 이렇게 말할래. 아빠가 나의 첫사랑이라고 …… 아빠.

모두 같이 잠깐

혜숙 제발. 그만해라. 귀신 분위기 망가진다. 귀신이면 귀신답게 귀신으로서 명예를 지켜야지. 슬프다고 우는 귀신이 어딨냐? 그래서 네가 생각이 없다는 거야, 지지배야.

효진 그렇지만. 슬픈 걸 어떡해요? 내가 죽지 않았다면, 한 번 더 또 한 번 더 또 한 번 더 해볼 수 있을 텐데.

혜숙 어, 이거 갑자기 분위기 이상해졌네. 안 돼, 안 돼. 귀신은 귀신 다워야 해. 우리에게 후회는 없어야 해. 우린 귀신이니까.

남자 맞아. 후회하면 안 돼. 꿋꿋해야지.

혜숙 그래. 꿋꿋하게.

쏘리 그래. 어차피 죽었는데. 후회하면 뭐해. 난 죽었는데. 그래 난 죽었어. 난 죽었어. 난 죽었다고. 후회해도 소용없고 눈물 흘려도 소용 없어. 울어도 소용없고 화를 내도 소용없어. 난 죽었으니까. 아니야. 난 웃을 거야. 난 웃을 거야. 하하하하하.

효진 (갑자기) 아쉽다. (주저앉아 운다.) 아빠 아빠 (소리 펑펑내서)

쏘리 (같이 울먹이고)

효진 (울면서) 나도 100을 향해 달리고 싶어. 괴롭고 고통스러워도 그렇게 열심히 했던 그때가 그리워. 이제 돌아갈 수 없다는 게 너무나 아쉬워. 살았던 순간을 그리워하며, 살았을 때 일을 반복하는 것도 너무 지겨워. 뭔가 새로운 일을 하고 싶지만 나는 시간에 갇혀 있어.

혜숙 어쩌겠어? 그럴 수밖에 없잖니? 우리의 시간은 이미 지나갔으니까.

쏘리 지나간 시간은 돌이킬 수 없다고 살았을 때 끊임없이 들었지만 이렇게 죽고 나서야 알게 되다니 ……

효진 (갑자기 보희를 바라보며) 난 화가 나. 저 아이를 보면 화가 나. 난 여기 이렇게 죽어서 아무 것도 못하고 원망만 하고 있는데 쟨 모든 걸 다 가지고 있잖아.

혜숙 그건 아니다. 쟤가 가지고 있는 게 뭐가 있니? 쟤는 단지 살아있을 뿐이야. 우리는 죽었고. 쟤가 다 가지고 있지는 않아.

효진 그게 그거잖아. 쟨 뭐든 할 수 있고 우린 아무 것도 할 수 없고. 난 쟤를 죽여서 동생으로 데리고 다녀야겠어.

남자 참아. 왜 아무 죄 없고 열심히 살려는 애를 못살게 굴려고 해.

효진 아니야. 아니야. 나는 쟤가 싫어. 아무렇지도 않게 우리와 얘기하는 쟤가 싫어! 너 이리와.

효진의 분노가 폭발한다. 귀신의 무서움? 영화에서 보는 장면이 연출되거나 혹은 알아들을 수 없는 주문에 따라 보희가 움직이거나(앞의 혜숙 공포씬에 이은 두 번째 공포씬이다. 한동안 지속된다) 보희는 도망다니고 하다가 나중에는 잡혀 효진 밑에 깔리게 되고 거의 죽이기 직전에. 모두 개입해 말린다.

효진 놔, 놔, 놔. 난 쟤를 죽이고 다시 살아날 거야. 놓으란 말이야.

남자 네가 쟤를 죽인다고 다시 살아날 수는 없고, 왜 아무 죄 없는 애를 죽인다고 난리니?

혜숙 그러지 말고 우리 다른 방법을 쓰자.

효진 다른 방법?

쏘리 그 왜 있잖아. 영혼을 파는 것. 그러면 너는 너대로 영혼을 팔고 쟤 인생에서 하루를 살 수 있으니까.

효진 정말? 내가 진짜 하루를 다시 살 수 있어?

쏘리 그럼.

효진 좋아. 하루를 다시 살 수 있다면 나는 뭐든지 할 거야.

혜숙 대신 넌 사라지게 돼.

효진 사라진다고? 괜찮아. 어차피 이렇게 이곳에 갇혀 아무 것도 못할 바에는 사라지는 것도 나쁘지 않아. 자 얼른 시작하자고. 무엇이든.

남자 쟤 좀 누가 말려.

효진 얼른 시작해. 나 또 화나게 하지 말고. (다시 찬 바람 불고)

쏘리 알았어. 알았어. 시작합시다.

보희 저기 잠깐만요. 뭘 시작하는데요?

혜숙 응? 별거 아니야. 네 인생에서 하루를 쟤가 쓰게 될 거야.

보희 싫어요.

효진 싫긴 뭐가 싫어. 단 하루야. 하루만 내게 양보하면 돼. 넌 하루를 양보해도 나머지 시간 동안 100을 향해 달릴 수 있어. 딱 하루야. 딱 하루! 싫다면 너를 죽일 거야. 그러면 너도 우리와 함께 이곳에서 영원히 머물러야 할 거야.

쏘리 넌 그냥 가만히 있으면 돼. 우리가 다 알아서 할 테니까.

보희 살려 주세요.

혜숙 누가 너 죽이니?

효진 얼른 시작해!

쏘리 알았어. 알았어. (남자에게 눈짓하며) 자 시작하자.

남자 오케이.

남자도 의식에 참여한다. 셋은 주문을 외운다. 효진과 보희를 중앙으로 몰아넣는다. 보희는 그들을 벗어나려 애쓰지만 몸이 말을 듣지 않는다.

(주문)

세상이 그대를 속일지라도

100빼기 1은 0이라고

그러나 결과는 끝까지 가봐야 아는 것

살아있는 동안 100에 가려고 노력하는 것

인생은 0과 100의 끊임없는 반복

그것이 인생이다. 우리 인생

갑자기 큰 폭발음이 남과 동시에 모두 사라진다(가능하다면 벽과 일체가 되어 벽에 붙어 있으면 좋겠다). 무대 위에 보희가 쓰러져 있다. 잠시 후 남자가 들어온다.

남자 이봐요, 이봐요! 괜찮아요?

보희 (깨어나며 남자를 보더니 본능적으로 남자를 밀친다)

남자 (예상치 못한 공격에 쓰러진다) 아! 왜 그래요? 못 볼 거라도 본 사람처럼!

보희 네? (일어나 주위를 살펴본다.) 아무래도 제가 봐선 안 될 걸 본 거 같아요. (연습실엔 대표와 단 둘 뿐이다. 안도의 한숨.) 놀라셨죠? 죄송합니다.

남자 뭘 봤는지는 몰라도 첫인상은 확실히 강렬하네. 자, 보희 씨 대표님이 테스트 좀 해 보라던데. 곡도 쓴다며? 어디 일단 하나 들어볼까?

보희 곡이요? 어떤 곡이든 상관없죠? 방금 곡이 하나 생각났는데 들려드릴까요?

남자 방금 생각났다고? 좋아. 어서 해봐.

세상이 그대를 속일지라도

100빼기 1은 0이라고

그러나 결과는 끝까지 가봐야 아는 것

살아있는 동안 100에 가려고 노력하는 것

인생은 0과 100의 끊임없는 반복

그것이 인생이다. 우리 인생

그러나 인생은 100이 아니야.

1도 아니고 0도 아니지.

하루를 1년처럼

하루를 100년처럼

그렇게 살아봐.

세상이 그대를 속일지라도

우리 인생을 살아봐.

나의 인생을 살아봐.

남자 (감동했지만 무심하게) 하고 싶은 이야기가 뭐지?

보희 예?

남자 지금 그 노래를 통해서 하고 싶은 이야기가 뭐냐고?

보희 아니 저는 그냥

남자 그래 그냥 무슨 이야기를 하고 싶은 거냐고?

보희 그냥 제 느낌이 ……

남자 느낌이?

보희 그냥

남자 그 노래를 듣고 관객이 뭘 느끼길 바라? 또는 어떤 인상을 전달하고 싶은 거야?

보희 ……

남자 희망이 뭐야?

보희 그거야 가수죠

남자 그냥 노래만 부르는 가수?

보희 ……

남자 생명이 있어야지 목적이 있어야지 노래를 통해 도달하고 싶은 어떤 목표가 있어야지. 보희 씨 노래 속에 어떻게 삶을 녹여 넣을까? 그리고 그 노래를 듣는 관객들이 어떻게 내 생각을 공유할 수 있을까? 이런 근본적인 것에 대한 생각이 없다면 그건 예술가가 아니지. 예술가로서의 자존심, 그게 ……

보희 저 …… 전 …… 그냥 얘기하고 싶습니다.

남자 무슨 얘길?

보희 제 노랠 듣는 모든 사람들에게 얘기하고 싶습니다. 100빼기 1이 99이든 100빼기 1이든 0이든 그건 아무래도 중요하지 않다구요. (남자를 쳐다본다.)

남자 (계속하라는 제스처)

보희 인생은 100을 향해 사는 것이 아니라 그저 하루, 하루를 온전히 살아가는 거라구요. 하루하루를 1년처럼 100년처럼 1000년처럼 그렇게 살아야 하는 거라구요. 죽으면 하루를 100년처럼 살고 싶어질지도 모르니까.

남자 (침묵) 그게 보희 씨의 생각인가?

보희 (사이. 자신없게) 네. (호흡을 가다듬고 당당한 목소리로) 아니요, 네. 네.

남자 (웃으며) 재미있는 아가씨네. 좋아. 여기서 기다려. 대표님이랑 얘기 좀 하고 올 테니.

보희 네, 알겠습니다. (보이지 않는 연습실 귀신들을 향해) 고맙습니다. 열심히 살게요.

보희, 앉아서 〈세상이 그대를 속일지라도〉 노래 다시 부른다. 암전. 끝.